# 자동차 권하는 사회

良書閣

# 개정판 서문

지난해 봄 배럴당 60 달러였던 원유가격이 최근 130~140 달러를 넘나들고 있다. 전문가들조차도 예상하지 못한 유가의 고공행진이 지속되고 있는 가운데, 머지않아 200 달러까지 오를 것이란 전망도 있다.

에너지의 20%를 소비하고 있는 우리나라 교통부분의 대응은 어떨까? 최근 일간지의 '에너지 절약 대전(大戰)'… 한국은 '나홀로 불감증'이란 기사는 우리 정부와 국민이 세계적인 에너지 전쟁에 상대적으로 둔감한 편이라고 지적하고 있다. 실제로 우리나라는 세계 다섯 번째로 원유를 많이 수입하고, 지난 1년 동안 2배 이상 유가가 올랐음에도 불구하고, 에너지 소비는 줄어들고 있지 않다. 개인이든 국가든 미리 대비하지 않으면 미래가 없다. 20년, 30년 혹은 50년 후 우리에게 다가올 미래는 어떤 것일까?

지난 30년 동안 탁월한 통찰력으로 미래의 주요 트렌드를 예측해온 세계적인 미래학자 제임스 캔턴(James Canton) 박사는 『극단적 미래예측(The Extreme Future)』이란 저서의 한국어판 서문에서, 지난 수십 년간 세계를 놀라게 했던 한국의 성공이 미래의 위기를 관리하는데 가장 큰 걸림돌이 될 수도 있다고 지적하면서, 깊이 있는 통찰력과 미래예측으로 21세기를 주도하라고 주문하고 있다. 그는 속도, 복잡성, 위험도, 변화, 놀라움이란 극단적 미래를 정의하는 5가지 키워드에 근거하여 미래의 주요 변화를 10가지로 설명하고 있다. 그 첫 번째가 "에너지를 둘러싼 치열한 생존 게임"이고, 다섯 번째가 "지속가능경영의 화두, 미래 기후와 환경"이다.

얼마 전(7.7 ~ 9), 일본 홋카이도의 휴양지 도야코에서 미국 · 일본 등 서방 선진 7개국과 러시아가 참여하는 G8 정상회담이 열렸다. 우리나라도 중국 · 인도 · 브라질 등과 함께 옵서버 자격으로 참가하였다. 이번 G8 정상회담의 주요 쟁점은 지구온난화, 식량문제, 아프리카의 빈곤 · 기아 퇴치 등이었다. 특히, '온실가스를 얼마나 줄일 것인가'라는 지구 온난화 문제가 핵심적으로 다루어졌으나, 온실가스 삭감목표를 둘러싸고 서방 선진국들과 중국·인도 등 신흥 경제국간에 입장은 크게 엇갈렸다. 결국 정상들은 구속력 있는 온실가스 삭감목표를 정하지는 못했지만, 2050년까지 온실가스 총량을 절반으로 줄이고 이를 세계전체의 목표로 공유한다는 상징적이지만 과거 보다 진전된 정상선언을 하였다.

이미 우리경제에 큰 충격을 주기 시작한 고유가 등 에너지 문제와 온실가스의 감축문제는 '발등에 떨어진 불'이 되었다. 정부가 이 문제에 대하여 더 이상 방어적·수세적으로 대응해서는 안 된다. 이 책의 초판서문에서 저자들은 우리나라의 교통정책이 사람들에게 승용차 이용을 권하고 있다고 지적하였다. 왜냐하면, 승용차 이용은 도로상의 혼잡, 사고, 환경오염 등 엄청난 사회적 비용을 유발하는 데도, 도로와 주차장이 거의 무료로 이용되기 때문에, 그 만큼 정부가 도로 이용자에게 보조를 하는 것이고, 이러한 정부의 맹목적 보조가 승용차의 과도한 이용으로 이어지고 있다고 하였다.

초판을 낸지 1년 정도 밖에 되지 않았지만 상황은 예상보다 크게 악화되고 있다. 현대는 석유에 극도로 의존하는 화석연료문명의 시대이다. 그러나 저렴하게 공급되던 석유시대는 종말을 향해 치닫고 있다. 그냥 먼 산만 바라보고 있지 말고 적극적·창의적으로 미래에 대비해야 한다. 대중교통 위주로 교통체계를 전면 개편하고 에너지 절약이 1회성이 아니라 지속적·구조적으로 이루어 질 수 있도록 교통비용의 분담구조도 바꾸어야 한다. 다시 말해 승용차 이용에 대한 정부의 명시적·묵시적 보조를 중단하고, 이를 승용차 이용자가 부담하게 함으로써 의식과 행태의 변화를 유도해야한다. 그래야만 승용차 이용이 줄어들어 지속가능한 교통체계를 만들어 나갈 수 있다.

이번 개정판에서는 초판의 오탈자를 바로 잡고 문제의 심각성을 강조하는 의미에서 중요 부분을 일부 보완하였다. 개정판이 우리나라의 교통문제를 되돌아보고 문제 해결을 위하여 지혜를 모으고 결단을 내리는 계기가 되기를 간절히 바란다.

2008.7

한국철도연구회 일동

# 서 문

언젠가 현진건의 『술 권하는 사회』를 읽었다. 소설에서 술 마시는 행위는 '개인의 선택'이 아닌 '사회적 분위기'라고 강변하고 있다. 사회적 동물인 인간에게 있어 선택이란 단순히 개인 의지의 표현이 아니라 사회적 분위기에 영향을 받는다는 것을 잘 말해주고 있다. 교통부문의 사회적 분위기를 본다면 우리나라는 사람들에게 자동차를 권하고 있다는 생각이 들었다. 특히 개인 승용차를 사용하는 사람들에게 많은 편의가 제공되고 있다. 실제로 정부는 도로건설에 많은 예산을 집행하고 각종 보조금으로 사람들이 승용차를 더 많이 사용하는 사회적 분위기를 조성하고 있다는 것이다.

자동차 권하는 사회의 미래는 어떤 모습일까? 고유가에 의한 경제문제, 교통사고와 관련된 사회문제, 지구온난화와 같은 환경문제 등 많은 문제를 발생시킬 것이다. 그런데 과연 우리 정부는 이렇듯 뻔해 보이는 미래를 대비하고는 있을까? 혹시 먼 산만 바라보고 있는 것은 아닌지 걱정스럽다.

최근 철도는 항시 적자를 재정으로 메우기 때문에 우리나라에는 적합하지 않은 교통수단이라는 책임감 없는 주장이 나오고 있다. 단지 재무적인 성과, 즉 흑자경영의 경험이 없기 때문에 철도의 필요성을 부정하는 의견이 나오고 있는 것을 보면서, 이 문제에 대한 본질을 분석하여 현실을 직시해야 한다는 생각이 들었다.

현재 승용차의 과도한 이용을 줄이기 위해서는 철도 등 대중교통수단들이 제대로 기능을 하여야 한다. 하지만 과거 도로를 건설해 주고 무료로 이용하게 하는 등 승용차 이용을 촉진하기 위한 정책시행의 결과 대중교통수단은 경쟁력이 상실되어 있는 상태이다. 다시 말해 대중교통수단 자체의 경쟁력이 낮은 것이 아니라 자동차를 권하도록 만든 정책들로 인해 결과적으로 대중교통의 경쟁력이 낮아졌다는 것을 올바로 인식해야 할 것이다. 최근 이러한 인과관계를 파악한 일본이나 유럽 등 세계 각국이 철도 등 대중교통수단의 중요성을 강조하고 있다. 하지만 우리나라는 아직도 이 점을 인정하지 않고 기존의 정책을 고수하고 있다. 이런 주장들은 실제 직면한 상황을 사려 깊게 판단하지 못하고, 잘못된 정보를 바탕으로, 또는 특정 목적을 가지고 충분히 예측 가능한 현실을 외면하는 태도에 기인하고 있다. 그러므로 이런 주장을 근거로 정책을 설정한다면 국가적으로 큰 낭패를 가져올 수 있다. 승용차 의존이 우리사회에 가져오게 될 사회적, 경제적, 환경적 폐해를 직시하고 하루 빨리 문제를 해결하도록 정책방향을 수정하지 않으면 우리 후세에게 건전한 사회를 물려주기가 어려워질지도 모른다.

현재 철도 등 대중교통수단이 계속 수요부족으로 수익성이 떨어져 재정적인 어려움에 처한 것은 대중교통수단의 자체적 부실 때문이라기보다 도로건설에 주력하고 또한 승용차의 과도한 사용을 유도하는 정부의 각종 보조정책 때문이다. 교통부분의 정부보조란 자동차산업을 진흥하려는 의도로 정부가 승용차 이용자들에게 도로를 거의 공짜로 사용하게 하는 것을 말한다. 게다가 주차 역시 거의 무료이며 도로상의 신호, 표지판 등도 정부가 담당하고 있어 도로이용이 매우 낮은 비용만으로 가능하도록 보장하고 있다. 반면 철도 등 대중교통수단은 이용할 때마다 요금을 지불하고 있으며 관련 모든 비용이 요금에 포함되고 있다. 예를 들어 철도이용자에게는 운임 외에도 철도시설의 유지보수를 위한 비용과 일부 철도건설비용이 열차 요금에 포함되어 있다. 반면 도로 이용자는 도로의 유지보수 비용은 지불하지 않고 있다.

정부보조는 자칫 사람들에게 공짜라는 인식을 주므로 과도한 소비로 이어지기 쉽다. 소비자들이 지불하는 비용이 실제비용보다 훨씬 낮다는 것은 소비에 대한 정부보조가 있다는 것을 의미한다. 정부보조가 확인되면 소비자는 과도한 소비행태를 보이게 된다. 왜냐하면 소비자는 서비스를 많이 사용할수록 정부보조를 많이 받는다는 것을 알고 있기 때문이다. 결국 정부보조를 받고 있는 자동차 이용은 과도하게 된다는 것이다. 자동차의 과도한 이용은 도로상의 혼잡, 사고, 환경오염 등을 유발하며 이들 비용은 자동차를 이용하는 사람이나 그렇지 않은 사람 모두 공동으로 부담하고 있다. 다시 말해 도로에서의 시간 손실, 막대한 에너지의 수입으로 인한 경제적 부담과 교통사고에 따른 가정의 붕괴, 대기오염으로 인한 건강피해 등도 모두 자동차의 과도한 사용에 의한 것이다. 그럼에도 불구하고 일부에서는 도로 혼잡을 해소하기 위해 도로를 더 많이 건설해야 한다고 호도하기까지 한다. 하지만, 현재 우리나라에서 도로의 공급확대는 더 과도한 도로의 사용을 가져올 뿐이다.

도로의 과도한 사용과 그로 인해 발생하는 모든 문제를 해결하려면 사람들에게 실제 발생하는 비용에 근거하여 교통수단을 선택하도록 유도해야 한다. 승용차를 사용하고 실제 발생된 비용을 부담하면, 사람들은 자신의 선택을 보다 신중히 하게 될 것이다. 다시 말해 승용차 이외의 수단, 즉 철도 등 대중교통수단과 비용을 비교하여 올바른 선택을 하도록 유도해야 한다.

현재 승용차 사용에 대한 정부보조를 올바르게 인지하고 있는 사람들은 매우 적다. 반면 사람들은 이러한 정부보조에 점점 더 익숙해지고 있다. 이러한 정부보조는 승용차를 사용하지 않는 사람들에 대한 형평성 차원에서 문제를 발생시킬 뿐만 아니라 우리 모두에게 부담되는 비용이 되고 있다. 또한 승용차 사용에 대한 정부보조는 철도 등 대중교통수단의 수요기반을 흔들어 재정악화를 초래하는 원인이 된다. 이에 따라 정부는 철도 등 대중교통수단에도 보조를 해야 하는 상황이 되기 때문에 우리사회는 이중(二重)으로 비용을 지불해야 하는 구조 속에 있다. 이는 우리 사회의 한정된 재원이 보다 창조적인 경제활동을 위해서 사용될 수 있는 기회를 빼앗으므로 세계와 경쟁하고 있는 우리로서는 바람직하지 않다.

이렇듯 우리 교통정책에 근원적인 문제가 있는데도 불구하고, 지금 우리는 현실을 직시하지 않고 먼 산만 쳐다보고 있지 않은가 묻고 싶다. 먼 산을 쳐다보고 있는 동안 문제가 기적처럼 해결되기를 바라고 있지는 않는지 의심스러울 뿐이다. 보다 큰 문제는 이렇게 시간을 보내는 사이 문제는 더욱 커져만 갈 것이라는 것이다. 또한 최근 복지정책의 도입을 추진하기 위해 사회간접자본에 대한 투자가 재검토되고 있다. 이런 시기에 교통정책 역시 사회복지 및 경제효율 등을 종합적으로 고려하여 합리적으로 정책방향을 전환해야 한다.

이 책은 철도만을 '사랑'하는 사람들의 주장을 묶어 일방적으로 특정 목적을 달성하기 위해 기획된 것은 아니다. 다만 현재 우리사회가 안고 있는 교통부문의 문제를 지적하고 변화를 유도하여 우리 후세에 건강한 사회를 물려주기를 바라는 희망을 정리한 것이다. 하지만 그 판단은 순전히 독자, 아니 더 나아가 국민들의 몫이다. 승용차에 지나치게 의존하여 생겨난 우리나라의 사회·경제적 그리고 환경적 문제를 직시하고, 제기된 문제들을 해결하기 위해 우리 모두는 결단과 행동이 필요한 시점에 와 있다.

2008. 7

한국철도연구회원 일동

# 차 례

# 0장 서론

인간에게 혈관이 삶을 유지하기 위한 영양분과 산소를 공급하는 역할을 하는 것처럼 교통은 국가의 경제활동에 있어 생명력과 경쟁력의 근간이 된다는 것은 주지의 사실이다. 사람들은 물이 중요하다는 것을 알고 자신의 취향과 여건에 따라 다양한 형태의 물을 섭취하듯 우리사회 구성원 역시 교통의 중요성을 알고 있으면서 스스로에게 가장 편리한 교통수단을 선택하고 있다.

현재 사회는 모든 것이 눈 깜짝할 사이에 다양한 형태로 변하고 있다. 사회가 빠르게 변모하면서 교통부분 역시 다양한 변화가 요구되고 있다. 새로운 시대적 요구에 효과적으로 대처하기 위해 교통정책도 변신을 계속해야 한다. 하지만 70년대 이후 현재까지 지속되어온 자동차 중심의 교통정책으로 우리나라는 국제적 경쟁력을 상실할 위기에 직면하고 있다. 도로에 집착하는 지금까지의 정부정책은 철도나 기타 대중교통을 총체적 적자상황으로 몰아넣고 있다. 이에 따라 현재 대중교통은 정부의 지원으로 겨우 유지되고 있다. 다시 말해 과도한 도로건설 투자는 대중교통의 수요를 잠식하게 되므로 대중교통 운영은 적자를 면할 수가 없다. 그렇다고 정부가 대중교통을 버릴 수 없기 때문에 재정지원을 할 수밖에 없다. 결국 정부는 도로건설에 많은 재정지원을 하면서도 대중교통수단 역시 재정지원을 할 수밖에 없는 이중적(二重的) 재정부담을 하고 있는 것이다.

현재 정부는 도로건설 정책이 국민들로부터 환영받고 있는 것으로 이해하고 있다. 하지만, 만약 도로건설을 위해 철도와 대중교통의 경쟁력이 점점 약해지고, 이를 보완하기 위하여 또다시 지원해야 한다는 것이 알려지게 된다면, 과연 국민들이 여전히 정부의 도로건설을 환영할 것인지는 의문이다. 왜냐하면 이와 같은 정부지원은 일부 상위계층에 더욱 환영받을 뿐 중산계층과 서민들의 반발을 야기할 수 있기 때문이다.

우리나라는 곧 자동차 2천만대 시대를 맞이하게 된다고들 한다. 그렇다면 지금 자동차 2천만대의 원활한 이동을 보장할 수 있도록 도로를 계속 건설할 것인지, 교통수요를 관리하고 일부는 다른 수단으로 전환할 것인지에 대한 판단이 필요한 시점이다. 현재의 정책기조가 유지된다면 도로는 더욱 많이 건설되어야 하고 철도 등 대중교통수단의 경쟁력은 더욱 위축될 수밖에 없다.

카자흐스탄 유전개발

우리나라는 교통부문에 소요되는 에너지의 대부분, 즉 자동차 운행에 필요한 석유 전량을 수입하고 있다. 국제원유의 가격이 배럴당 140불에 육박하고 있으나, 고갈 직전의 화석연료인 원유 가격이 앞으로 더 낮아질 가능성은 거의 없다. 따라서 수송용 유류수입에 지출되는 비용은 계속 우리경제에 큰 부담으로 작용할 것이다.

산유국과의 외교는 원유의 안정적인 확보라는 제약조건 아래에서 진행되고 있으므로 자주적이고 도덕적 관점의 외교가 이루어지기 어려울 것이다. 더군다나 현재와 같은 유가 급등의 추세가 지속된다면, 에너지 확보를 위한 국제적 경쟁이 심화될 것이고 이에 따라 우리 외교는 더욱 더 안정적인 원유확보를 위해 좌우될 것으로 보인다. 최근 중국, 인도 등이 산업화를 진행하면서 에너지 소비가 급격히 증가하여, 원유를 확보하는 노력은 '총칼 없는 전쟁'으로 비유되기도 한다.

1991년 제1차 걸프전 40일 동안, 미국군인 146명이 희생되었다. 같은 기간 40일 동안, 전쟁터가 아닌 미국의 고속도로에서 무려 4,900여명의 희생자가 발생했다. 물론 이와 같은 주장이 1991년의 걸프전이 미국의 고속도로보다 안전하다는 말은 아니다. 다만 고속도로의 위험성을 강조하려는 것이다.

우리나라에서 교통사고로 매년 6천명이 사망하고 있다. 이는 6.25당시 국군과 유엔군이 3년간 18만 명의 전사자를 발생시킨 것을 감안하면 약 1개월 반 동안의 평균 전사자 수와 맞먹는 규모이며, 월남전 참전으로 전사한 국군의 전체 숫자에 해당된다. 또한 37만 명의 교통사고 부상자들이 한 해에 발생하고 있으며 교통사고 유자녀들은 새로운 사회문제가 되고 있다.

교통사고 발생건수 및 사망자 추이

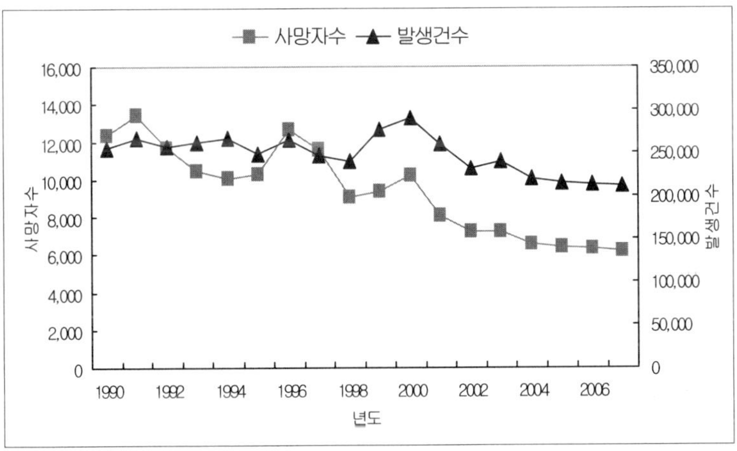

한편 주차와 관련된 문제는 단순한 불편뿐만 아니라 이웃 간의 불화 등 점점 사회문제로 비약되고 있다. 또한 우리사회가 직면하고 있는 노령화 문제 역시 도로중심 교통정책으로는 적절한 대책수립이 매우 어려울 것이다. 다시 말해 대중교통수단이 고령자 친화적이라는 것은 이미 잘 알려진 사실이지만 경쟁력을 상실해가는 대중교통 서비스가 언제 중단될 지는 아무도 모른다. 소득격차가 커지는 '사회 양극화' 문제는 도로중심정책으로 더욱 심화되는 형국이다. 왜냐하면 대중교통수단의 경쟁력 약화로 저소득층은 이동성이 낮아져 경쟁력을 더욱 상실하거나 불가피하게 승용차를 소유하게 되면 보다 많은 비용을 교통부문에 지출하게 되어 고소득층과의 소득격차를 줄이는 것은 더욱 어려워진다. 이처럼 자동차 중심 문화는 사회적으로나 경제적으로도 비효율적이라는 증거는 충분하다. 그럼에도 불구하고 이와 같은 문제를 획기적으로 해결하려는 정부차원의 노력을 찾아보기 힘들다는 것은 매우 안타까운 일이다.

현재 철도 등 대중교통 이용비율 감소는 도로건설에 치중했던 정책의 결과이다. 철도 등 대중교통의 역할이 5%나 10%만 향상 되더라도, 그 효과는 모든 국민이 나눌 수 있을 만큼 막대한 것이 될 것이다. 예를 들어 서울에서 강릉을 연결하는 동서구간을 보면, 현재에 4차선으로 운행되고 있는 영동고속도로, 새로운 영동고속도로 이외에 다수의 4차선 국도가 동일 방향으로 건설 · 계획이 되고 있으며, 그것도 모자라서 서울-속초 구간을 연결하는 동서고속도로까지 계획이 되어 있다. 만약 이 구간에 경쟁력을 갖춘 철도가 개통되어 운행한다면 고속도로 및 국도의 추가적 건설을 충분히 대체할 수 있을 것이다.

언제까지 자동차만을 위한 도로 중심 정책기조를 유지할 수는 없다. 교통정책 본연의 임무는 사회 · 경제활동을 효과적으로 지원하는 것이다. 이렇게 많은 도로를 건설하게 되면, 경제활동을 할 토지는 어떻게 구하여야 할까? 정부는 전 국토를 도로로 채워야만 만족할 수 있을 것인가를 묻지 않을 수 없다. 앞으로 빠른 시간 내에 도로중심의 정책방향을 도로와 철도를 동시에 고려한 합리적인 종합교통체계로 바꾸지 않으면, 그 피해는 국민들이 보게 될 것이고, 무한 경쟁의 21세기의 한국의 경쟁력을 잠식하는 결과로 이어질 것이다.

이제 정책의 방향전환을 결정해야 할 시기이다. 먼저 도로에 대한 묵시적인 정부보조를 모두 파악하고, 교통수단 이용자에게 실제적 사회비용을 부담하도록 해야 한다. 이렇게 교통수단 선택에 현실적인 비용이 부가되면 도로와 철도에 대한 투자 및 정책방향이 종합적으로 고려되는 계기가 될 것이다. 다시 말해 도로와 철도에 대한 재정지원의 정도가 합리적으로 조정될 수 있는 근거를 마련할 수 있다. 철도 등 대중교통수단과 도로의 비교·평가는 경제성과 효율성에 근거하여 투자 우선순위도 합리적으로 이루어져야 한다. 또한 이러한 판단이 교통정책목표, 즉 경제효율성 향상 및 형평성 제고 차원에서 이루어져야 할 것이다. 그렇게 되면 철도와 지하철 등 대중교통이 활성화될 것이다. 이런 여건이 조성된다면 철도의 여객 및 화물의 분담비율이 배가되는 등 물류부분의 경쟁력은 크게 높아질 것이다.

정보통신의 발전은 전 세계를 실시간 무한 경쟁의 장(場)으로 이끌고 있다. 앞으로 무한 경쟁의 강도는 더욱 심해질 것이 확실하다. 그런데 현재와 같이 비효율적이고 에너지 의존적이며 반환경적인 도로와 승용차 위주의 정책이 계속되면 우리는 무한경쟁에서 낙오될 수도 있다. 도로와 철도를 종합한 효율적인 교통체계를 구축하는 것은 경제적인 측면이나 사회·환경적 측면에서도 월등한 효과를 기대할 수 있다. 이를 위해서는 현재의 도로에 편향된 사회간접자본 정책을 철도 등 대중교통수단으로 전환해야 한다. 이는 우리의 현재 상황에 대한 올바른 해답일 뿐만 아니라 자라나는 후세에게도 효율적인 국가 경제기반을 물려주는 결과로 이어질 것이다.

국가경쟁력의 기반을 제공하는 교통정책은 이제 본연의 정책목표를 고려하여 도로와 철도의 배타적 이해관계를 넘어서야 한다. 최근 국가 재정운영 문제에 대한 새로운 논의가 활발히 진행되고 있다. 특히 건설·교통행정, 즉 교통시설투자와 관련된 정책들이 이런 과정에서 올바른 방향으로 전환되기를 기대한다.

# 1장 승용차에 의존하는 사회

개인승용차 중심의 교통체계는 교통사고, 소음, 대기오염 등 우리생활과 밀접한 많은 문제의 원인이 되고 있다. 이제 많은 사람들이 이러한 문제들을 인지하기 시작하였으며, 앞으로 문제는 더욱 커질 것이라는 것도 잘 알고 있다. 다만 당장 내 눈앞에 닥치지 않은 남들만의 문제라고 모른체 하거나 강 건너 불구경하듯 하고 있을 뿐이다. 교통망은 국가의 대동맥이다. 발등의 불을 끄는 것도 급하겠지만 나라의 먼 장래를 생각하여 철저한 계획 아래 이러한 문제들을 풀 수 있는 해답을 제시해야한다. 정책당국이 이 문제에 해답을 제시하지 않는 것은 일종의 직무유기(職務遺棄)이다. 교통사고 인명피해와 환경오염에 따른 피해 등 사회비용을 더 이상 간과(看過)할 수 없다.

'지이부지(知而不知)'라고 하는 말은 바로 알고도 모르는 체 한다는 의미로 '묵과(黙過)'한다는 말도 같은 뜻이다. 영어 표현의 '침대가 불타고 있다(Bed is burning)'라든지 '침실의 코끼리(Elephant in the bedroom)'와 유사한 개념일 것이다. 근본적인 문제가 있음에도 이를 해결하지 않고 먼 산만 쳐다보고 있다는 것이다. 이제라고 문제를 직시하고 하루 빨리 근본적인 대책을 강구하여야 한다. 우리 모두가 이러한 상황을 만든 책임자라고는 말할 수 없겠지만 더 이상 방치하는 것은 돌이키기 어려운 상황을 만드는데 공조한 것과 같아진다.

승용차를 이용하는 대다수의 사람들이 승용차를 소유한 것은 최근 20년 이내였다. 승용차 보유는 소득향상에 따른 경제적 위상을 확인해줄 뿐만 아니라 이동의 자유를 보장해 주는 것으로만 생각한다. 하지만, 이러한 자유에는 상응하는 책임이 따르듯 편리함에도 상응하는 비용이 부담되어야 한다. 특히 우리의 자유와 편리함이 우리 후손에게 멍에가 된다면 심각하게 고민해야한다. 무책임한 자유가 사회를 망칠수 있듯이 상응하는 비용을 지불하지 않는 소비는 경제 질서를 붕괴시킨다. 즉, 합당한 비용을 지불하지 않는 소비는 필연적으로 과소비를 낳는다. 다시 말해 승용차의 운행, 주차 등에 소요되는 비용이 대중교통 이용과 확연한 차이가 나지 않기 때문에 승용차의 이용을 맹목적으로 선호한다.

승용차의 이용에는 사용자가 직접 지불하지 않는 많은 비용이 숨어 있다. 화물의 경우, 트럭이 통행하는 도로의 유지보수, 신호, 교통경찰 등의 서비스는 정부에 의해 무상으로 제공되고 있다. 더욱이 고속도로를 사용하면서 내는 통행료는 실제로 트럭이 도로를 파손하는 비용에 비해 매우 낮은 편이다. 나머지는 정부가 재정적으로 보조하는 셈이 된다.

승용차를 사용하면서 발생하는 모든 비용은 실제 사용하면서 발생하는 비용에 비례하지는 않는다. 보험료나 감가상각비는 승용차의 사용과 비례하는 것이 아니라 승용차를 많이 사용할수록 단위 운행에 대한 비용은 줄어드는 형태를 가지고 있다.

특정한 자동차에 대한 보험료나 국가에서 징수하는 세금은 일정하다. 이는 분기별로 내는 보험료가 승용차를 많이 운행함으로써 방생하는 운행거리 당 보험료가 낮아지는 모양이 바로 그것이다. 이러한 것들이 승용차 운행을 부추기고 있는 요인으로 결국 승용차 운행을 많이 하도록 만드는 것이다.

승용차 이용에 따른 비용이 높게 느껴지지 않기 때문에 승용차는 더욱 더 이용되고 이미 갖고 있는 승용차는 많이 이용할수록 '경제적'이라고 생각하기 쉽다. 게다가 실제로 승용차 구입비는 초기에 지불되기 때문에 승용차를 많이 사용하게 되면, 승용차 운행거리 당 비용은 낮아지는 셈이다. 결국 승용차 이용률이 높아지고 이로인해 혼잡이 발생하면 정부는 새로운 도로를 건설하고 이것은 더욱 승용차 이용을 촉발시키는 결과로 이어져왔다.

이러한 현실 하에서 승용차 이용을 대체할 수 있는 보다 근본적인 대책을 마련해야 한다. 각종 도로건설, 용량확장, 혼잡비용의 징수, 지능형교통체계(ITS), 다인승 차량만 다니게 하는 차로, 혼잡상태에서 고속도로 진입을 규제하는 램프미터링 등은 미봉책에 불과하다.

승용차 사용의 적정비용 징수에 방해가 되는 각종 정책들은 결국 승용차와 경쟁하고 있던 대중교통과 철도 몰락의 원인을 제공한다. 도로는 혼잡에 시달리지만 철도나 대중교통수단을 이용하려 해도 노선의 연결성이 부족하거나 운행간격이 너무 커서 어쩔 수 없이 승용차를 이용할 수밖에 없는 것이 현재 교통정책의 비효율성을 증명하고 있다. 도로는 수요가 너무 많고 철도 등 대중교통수단에는 수요가 너무 적다는 판단도 문제이다. 철도 등 대중교통수단의 수요가 적은 것은 원인이 아니라 바로 도로위주 정책의 결과이다.

철도와 도로는 모두 국가 교통시설로 정부의 재정지원 대상이다. 도로와 철도 시설의 건설에 대한 재정지원은 유류세나 기타 사회적인 재원이 이용되고 있는데 승용차 이용에 따른 지원규모는 유독 크다. 이러한 재정 지원은 사람들에게 승용차를 더욱 많이 사용하도록 장려하는 형국이다. 게다가 승용차의 사용을 대체할 수 있는 철도나 대중교통에 대한 지원도 역시 정부가 지불하고 있다. 이렇게 정책결정의 비합리성, 비체계성으로 인해 국민들은 이중(二重)으로 비용을 지불하고 있는 셈이다.

도시에서 많이 나타나는 오존문제, 산성비, 교통사고 등은 교통부문의 왜곡된 가격체계가 원인이 되어 일어나는 결과이다. 즉 정부재원이 도로에 너무 많이 지원되어 도로를 과도하게 사용함으로써 이러한 문제들이 발생하고 있다. 그러므로 문제가 발생되는 정책원인을 파악하고, 더 나아가서 그러한 정책을 시정하여야만 한다.

개인의 선택을 강요할 수 없듯이 줄어든 철도나 대중교통에 대한 사용을 강제할 수는 없다. 하지만 철도나 대중교통의 경쟁력을 높여주는 정책은 충분히 가능하다. 이런 정책이 성공을 거둔다면 사람들은 철도나 대중교통수단을 많이 이용하게 될 것이다. 그렇다면 철도나 대중교통수단의 경쟁력을 높이는 정책의 수준은 어떻게 정해야 할까? 정답은 교통수단간 공정한 경쟁조건을 제공하는 수준이면 된다. 예를 들어 도로를 사용하면서 지불해야 하는 비용에서 정부가 간접 지원하는 금액이 없다면 좀 더 나은 경쟁여건이 조성될 수 있을 것이다. 경쟁이 가능한 상태에 도달하면 철도 등 대중교통수단의 수요가 증가하고, 경쟁여건이 조성되기 위해서는 수요증가가 필요하다는 것은 닭과 달걀의 순서를 매기는 것과 같은 순환논리로 보인다.

비록 도로만큼은 아니지만, 철도도 정부로부터 지원을 받고 있다. 철도에 더 많은 지원을 요구하기는 어렵기 때문에 정부의 적정한 지원규모를 가지고 철도의 경쟁력을 높이는 한편, 도로에 대한 기존의 지원을 제거하는 것이 가장 이상적이다. 대중교통수단에 대한 '수익자 부담원칙'은 도로에도 적용이 되어야 하며, 실제적인 사회비용에 가깝도록 비용이 현실화 되어야 한다. 환경오염비용 등 '외부비용'이라고 할 수 있는 비용들이 내재화(Internalize) 되어야 한다는 것이다. 예를 들어 도로사용료를 징수하거나, 주차비를 현실화하는 것도 생각할 수 있다. 승용차 사용자들이 실제적인 발생비용을 감당하게 하면, 교통수단을 선택하는데 있어 사회적으로나 개인적으로 모두 '합리적'인 것임은 말할 나위도 없다.

정부재원이 도로건설에 지원되기도 하지만, 도로의 사용이나 유지를 위해서도 상당한 재정적 지원이 이루어지고 있다. 지방자치단체에서의 행정업무나 중앙정부에서의 교통시설 유지관리비용 등이 모두 여기에 포함된다. 이 밖에도 도로와 관련된 재산세나 각종 부가세 등 일반회계의 재원들이 교통신호, 각종 교통시설, 교통정리를 위한 경찰비용, 화재방지비용 등으로 지원되고 있다.

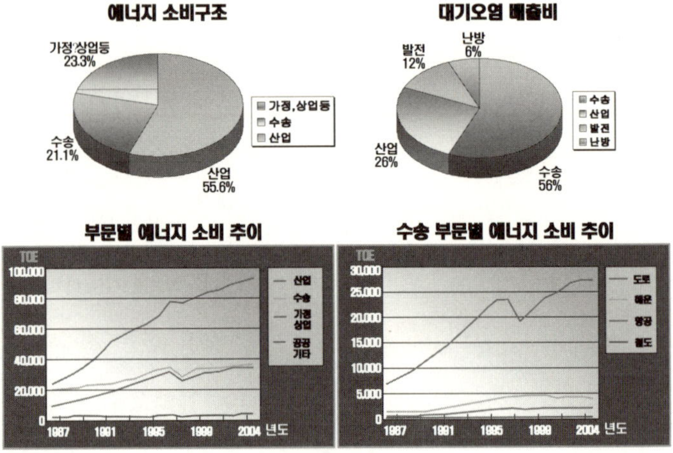


에너지 소비 및 대기오염 배출 추이

이론적으로는 이들 비용들은 사용자들의 편의를 증진시키기 위한 것이므로 사용자가 부담하여야 한다. 특히 철도 등 대중교통수단에 지원되지 않고 승용차 이용자가 주로 혜택을 본다면 이러한 지원이 최종적으로 교통시장을 왜곡시키는 결과를 초래하기 때문에 형평성 차원에서 매우 심각한 문제로 지적될 수 있다. 물론 모든 사람들이 도로나 주차장 및 도로관련 서비스를 위해 세금을 부담한다. 하지만, 차를 소유하고 있지 않은 사람들에 비해 승용차를 운행하는 사람들만 실질적 이익을 보게 되는 것이다. 결과적으로 자동차에 대한 정부의 지원은 자동차를 직접 사용하지 않고 철도나 대중교통을 이용하는 사람들에게 역차별을 하고 있는 셈이다.

승용차를 사용하면서 발생하는 모든 비용을 사용자에게 부과하면 이중(二重)의 긍정적인 효과를 볼 수 있다. 도로수요가 줄어들어 교통 혼잡이 개선되고, 공기는 더욱 깨끗해 질 것이며, 에너지효율성이 높아지면서 경제효율성은 높아질 것이다. 승용차를 사용하는 사람들과 물류업자들은 비용을 조금 더 부담하더라도 결과적으로 시간의 단축과 물류경쟁력의 확보라는 편익을 기대할 수 있다.

정부지원이 얼마나 가격을 왜곡시키고 재원의 효율적인 활용을 제한하는가 하는 것은 구 소련이 붕괴되는 시점에서 소련의 고르바초프 당시 대통령이 지적한 것을 보면 쉽게 알 수 있다. 실제로 당시 소련정부에서 재정적으로 지원하는 빵의 가격이 실제 빵을 만드는데 들어가는 각종 재료의 가격보다 훨씬 낮아, 학생들이 빵으로 축구를 하거나 농부들이 사료대신에 빵을 돼지에게 먹이는 기현상이 발생했었다고 한다.

2006년 현재 대한민국 도로 관련 정책들도 이러한 사례와 유사하다고 해도 지나친 표현은 아닌 것 같다. 비록 소련에서처럼 모든 가격을 일방적으로 정하지는 않지만, 현재 진행되고 있는 도로 관련 정책은 승용차 사용에 따르는 비용을 정부가 다양한 형태로 보조하고 있다는 점에서 유사한 부분이 있다는 것이다. 실제 승용차 사용자는 매우 낮은 명목상의 비용만을 부담함으로써 과도할 정도로 승용차를 사용하고 있다. 결국 소련에서 빵을 무책임하게 소비했던 것과 같은 결과가 나타나고 있다.

소련은 국가재정의 파탄, 소비재 생산의 부족, 시대적 요구, 공공부문의 낮은 동기 등에 의해서 결국 체제의 붕괴라는 비극적 종말을 맡게 되었다.

승용차 사용자들에게 비현실적인 비용만을 부담하게 하여, 사회적 책임을 외면하게 함으로써 '합리적인' 교통수단 선택을 불가능하게 하고 있다. 이는 도로의 과도한 이용을 초래하여 혼잡을 야기하고 대기를 오염시키며, 철도 등 대중교통의 경쟁력을 약화시키고 있다. 이에 따라 교통시설 관련 재정이 어려워지고, 우리사회에 꼭 필요한 교통서비스의 공급이 원활히 이루어지지 않으며, 매장량이 한정된 비싼 석유자원에 대한 의존도를 높이고, 공공정책의 효과성을 떨어뜨려 종국에는 우리나라 교통시스템이 붕괴되는 원인이 될 수 있다.

물론 승용차를 선택하는 사람들이 비용만을 교통수단 선택의 근거로 삼지는 않을 것이다. 사회적인 지위를 상징하는 등 경제외적인 면이 작용하는 것도 무시할 수는 없다. 따라서 승용차를 무시하고는 교통을 논하기는 어렵다. 그러나 사용자가 실제적인 비용을 객관적으로 고려하지 못해서 발생하는 '과다'사용으로 인한 각종 경제적·환경적인 폐해 또한 무시할 수 없을 것이다. 사용자가 합리적으로 교통수단을 선택할 수 있도록 투명한 정책을 펼쳐야 한다. 즉 승용차와 비교하여, 철도 등 대중교통수단이 실제로 발생시키는 비용을 사용자가 알 수 있게끔 정책 환경을 조성해야 한다.

문제를 인식하지 못하면 해결책을 찾을 방법이 없다. 하루 빨리 정부는 승용차 이용편의를 위한 도로부문 정부지원이 야기하는 경제적·환경적인 문제의 실체를 인식하고 문제의 해결책을 고민해야 한다. 그래야만 우리나라 도시나 지역에서 승용차와 철도 및 대중교통이 공정한 경쟁 상태에서 소비자의 '합리적'인 선택을 기대할 수 있다. 이러한 합리적인 소비자의 선택은 경제적 효율 측면과 사회적·환경적 책임 차원에서도 우리나라를 한 발 더 선진국으로 이끄는 초석이 될 것이 틀림없다.

# 2장 철도의 쇄락과 재건

70년대 초반까지만 해도 철도는 우리나라 교통의 주역이었다. 이후 철도는 승용차를 앞세운 도로에 밀리게 되었기 때문에, 사람들은 대부분 철도의 쇠락이 승용차 시대의 도래에 따른 당연한 결과라고 이해하고 있다. 실제로 경부고속도로 개통을 계기로 승용차와 관련된 기술이 좋아졌고, 개인의 자유가 중시되는 경제·사회현상 등이 생겼으며 승용차가 교통수단에 있어 필수적인 존재로 떠올랐다.

정책적으로도 도로 및 승용차 이용을 권하는 정책들이 계속되어 왔음을 알 수 있다. 현재 철도가 적자에 허덕이고, 그로 인해 소비자 취향에 적극적으로 대응하지 못한 것은 적절한 시설투자가 이루어지지 못한 것은 물론 승용차 우선의 사회·경제적 요구와 이런 요구를 수용한 교통 정책 환경이 가장 중요한 요인이었다.

현재 철도로 이동하는 것은 도로에서 승용차를 운전하여 이동하는 것보다 불편하다. 이와 같은 결과가 철도의 경쟁력을 설명하는 것은 아니다. 교통은 수요자의 목적에 따라 다양한 교통수단 사이의 선호도가 다르게 나타난다. 일반적으로 철도교통이 도로교통에 비해 불편하다는 것은 오랜 기간 승용차 이동을 우선 배려하는 정책으로 도로부문에는 연결성이 매우 편리한 반면, 철도는 투자부족으로 연결성이 매우 떨어진다는 것을 원인으로 보아야 한다. 우리가 유럽이나 일본을 여행할 때 철도이용의 편안함과 쾌적함을 느낄 수 있다는 것은 이들 국가에서 철도의 연결성이 매우 높기 때문이라는 것을 쉽게 이해할 수 있다.

장기간 적자운영을 하고 있는 철도공사는 만일 일반 기업이라면 벌써 파산을 선고 받았을 것이다. 재정적자가 계속 발생하고 있지만 철도는 도로를 대체할 수 있다는 특성 때문에, 정부가 재정지원을 통해서라도 철도교통 서비스를 유지시키고 있다. 하지만 적자가 계속되는 상태에서 효과적이고 창의적인 서비스를 제공하기는 어려울 것이다. 이련 철도 서비스의 질적 퇴보 또는 답보로 도로와의 상대적 경쟁력 차이는 지속적으로 벌어지고 있다.

일부에서 철도에서 계속되는 적자의 원인이 철도내부의 무능과 무책임 때문이라는 주장이 있으나 이는 하나는 알고 둘을 모르는 매우 무책임한 판단이다. 물론 철도적자의 직접적인 원인이 철도수요 감소에 있으므로 수요확대를 못한 철도내부의 문제도 지적될 수 있으나 철도수요 감소의 가장 직접적인 원인은 철도를 대체하는 도로건설이라는 점을 간과하고 있다.

정부는 도로건설을 계속 확대하면서 철도수요 감소라는 원인을 제공하였기 때문에 철도경쟁력의 약화를 단순히 내부적 문제라고 하는 것은 옳지 않다는 것이다. 다시 말해 철도 등 대중교통수단의 수요 감소는 승용차의 사용을 '장려'하는 정부 교통정책의 직접적인 결과라는 것이다. 승용차 사용에 대한 정부지원으로 철도 수요는 감소하고 수요감소는 적자의 누적으로 이어지며 다시 정부는 적자를 보전해주는 악순환 고리가 만들어지게 되었다는 것이다.

70년대 이후 계속되어 온 산업화 과정에서 정부는 자동차 산업을 진흥시키기 위해, 자동차 관련 제품의 수요 확대가 필요했을 것이고, 수요를 확대하기 위해 우선적으로 자동차의 인프라인 도로건설을 우선시하였다고 볼 수 있다. 이에 따라 자동차 소유가 많아지면서 더 많은 도로건설이 이루어졌고, 이것은 다시 자동차 소유 증가로 이어지는 순환 고리가 계속되고 있다. 이 과정에서 대중교통이나 철도는 정부정책의 뒷자리로 밀려 경쟁력을 잃어갔고 이는 사람들이 승용차를 선호하게 되는 또 다른 원인으로 이어졌다.

자동차산업을 진흥하려는 정부정책을 간략히 '승용차 이용자들은 도로를 거의 공짜로 사용하고, 주차비용 역시 무료이거나 매우 낮으며, 신호, 표지판 등 도로이용의 편의성을 증진하는 각종 지원 역시 대부분 아주 낮은 비용으로 보장받고 있다. 반면 철도 등 대중교통수단은 이용할 때마다 요금을 지불하고 심지어 철도의 경우 철도시설의 유지보수를 위한 비용과 일부 철도건설비용까지도 철도공사가 부담하고 있다.

수요를 중심으로 벌어지는 논의는 대부분 논리의 비약이나 억지 주장으로까지 이어진다. 일반적으로 도시철도는 인구밀도가 일정규모 이상이 되는 도시에서나 필요성이 있다고 이해하고 있다. 예를 들어 인구밀도가 높은 서울에서는 지하철 수요가 있지만, 인구 밀도가 상대적으로 낮은 중소도시에는 지하철 수요가 부족하다는 것이다. 하지만, 인구밀도는 실제적으로 도시철도의 미래수요를 결정하는 일차적인 변수일 수도 있으나 가장 중요한 변수는 아니며, 실제적으로 미래수요는 더욱 더 복잡한 인과관계 아래 결정되게 된다.

인구밀도가 높으면, 집값이나 땅값이 비싸지게 된다. 이는 토지에 대한 수요가 높아지게 된다는 것을 뜻한다. 즉, 인구밀도가 높아지면 부동산가격이 상승하게 되고, 부동산가격이 높은 상황에서 주차장을 확보하기 위해서는 많은 비용이 소요된다. 그러므로 주차장이 부족하게 되어 승용차의 이용이 줄어들며 도시철도 등 대중교통 수요가 높아지게 된다.

결국 도시철도의 수요가 높은 것은 주차여건이 나쁘기 때문이지 인구밀도가 높기 때문이 아니라는 것이다. 반면 인구밀도가 낮으면 부동산가격이 낮아지고, 주차장을 충분히 값싸게 확보할 수 있게 된다. 이럴 경우 좋은 주차여건 때문에 많은 사람들이 승용차를 많이 사용한다. 이렇게 되면, 도시철도 등 대중교통 수요는 작아질 수밖에 없다. 실제로 네덜란드의 10만~20만 인구의 도시에서 쉽게 볼 수 있는 노면전차(경량전철)는 도심 주차여건을 극도로 나쁘게 하여 승용차와의 경쟁력을 갖고 있다. 반면 도심 주차여건을 개선하기 위한 정책에 주력하는 미국의 대도시에서 대중교통의 경쟁력은 매우 낮다.

이와 같이 교통정책 수립과정에서 수요와 관련된 인과관계를 보다 명확히 확인하는 것이 필요하다. '머리가 크면 지적능력이 뛰어나다'는 주장은 받아들일 수 없다. 나이가 들어 머리의 크기는 커지지만 성장과정에서의 경험과 지식 습득이 지적능력 개발의 직접적이고 실제적인 원인으로 보아야 할 것이다. 다시 말해 나이와 지적능력의 인과관계는 단순한 머리 크기와 지적능력 사이의 인과관계보다는 훨씬 더 중요하다는 것이다.

수요에 대한 논의는 어떻게 철도의 수요를 증대시킬 것인가에 집중될 필요가 있다. 현재 낮은 철도 수요는 경쟁수단인 도로에서의 승용차 이용자가 공짜 또는 실제비용보다 훨씬 작은 비용만을 지불하기 때문이다. 그러므로 이를 현실화하거나 철도관련 비용, 즉 건설비와 유지관리비용을 도로수준으로 낮출 수 있도록 지원하고 철도의 연결성을 높일 수 있도록 신규 노선을 건설하고 기존 시설을 개량한다면 개선될 수 있다.

최근 고속철도 개통과 함께 철도 수요가 증가하는 것은 이를 증명하는 좋은 사례이다. 이제 국민들이 철도가 장거리 이동에 매우 편리한 교통수단인 것을 확인하기 시작했다. 이를 계기로 적정 요금이 유지되면서 연결성이 개선된다면 우리도 프랑스, 일본 등 철도선진국에서 고속철도 개통과 함께 시작한 철도르네상스를 기대할 수 있을 것이다.

아직까지도 철도요금이 너무 비싸다는 사람들도 있지만, 철도는 규모의 경제를 가지고 있는 교통수단으로 수요가 많으면 많을수록 평균비용은 낮아지기 때문에 철도는 잠재적으로 승용차에 비해 이용비용 증가가 낮아질 수 있다. 그러므로 교통정책도 이러한 철도 등 대중교통의 특성을 잘 활용할 수 있도록 구상되어야 한다. 현재까지의 대중교통의 생존을 위협했던 특정 교통시설인 도로에 대한 정부보조에 의한 교통시장 왜곡을 바로 잡아야 하며, 그럴 경우 증가하는 철도 등 대중교통의 수요는 이 분야 정부지원의 정당성을 입증하게 될 것이다.

우리나라에 철도가 운행된 지 100여년이 흘렀다. 그 동안 철도는 중추적인 교통수단으로서 경제성장과 지역 발전에 크게 기여해 왔다. 최근에는 남북화해의 상징으로 경의선 복원공사가 완료되었고, 2004년 4월에는 한국철도 100년의 역사를 새롭게 조명할 수 있는 고속철도 개통이라는 획기적인 발전을 이룩하였다. 일찍이 선진국들은 철도의 가능성에 눈을 뜨고 국가적 차원에서 철도건설을 지원하여 왔다. 이런 가운데 철도 경쟁력은 국가 경쟁력의 중요한 요소로 자리 잡게 되었다.

그러나 안타깝게도 우리나라 교통정책은 너무 오랜 동안 도로건설에 집착하고 있다. 물론 80년대 이후 도로가 교통난 해소와 물류비 절감에 많은 공헌을 한 점을 인정해야 한다. 하지만 철도가 자동차와 항공보다 후진적인 교통수단이라는 일반적 인식은 이제 바뀌어져야 한다. 지하철이 많이 이용되고 있고, 고속철도의 개통으로 이제는 철도에 대한 국민인식이 바뀌기 시작했다. 그러므로 교통정책도 역시 이제 철도를 국가 교통정책의 핵심으로 인식하고 경쟁력을 높이도록 지원해야 한다.

## 겨레와 고락(苦樂)을 함께해 온 철도 100년

우리나라 철도의 역사는 1899년 9월 18일 지금의 경인선, 즉 노량진에서 제물포까지 약 33.2km를 처음 운행한 것에서부터 시작되었다. 1876년 조일(朝日) 수호조약이 체결된 이후 적극적으로 한반도에 세력을 뻗쳐온 일본은 1885년부터 밀정을 파견하여 철도노선 예정지에 대한 사전답사를 시작하였으며, 열강의 세력다툼 속에서 경인선 철도부설권을 장악하여 1899년 9월 18일 인천~노량진 구간의 영업을 시작하였다.

경인철도 기공식(1897년)

비록 외세에 의해서였지만 이 땅에도 철도의 첫 기적이 울리게 되었고, 이후 열강과의 세력싸움에서 승리한 일본은 대륙진출을 위하여 한반도에 경부선과 경의선을 중심으로 남북 종단 철도망을 구축하게 된다. 이를 기반으로 식민지 지배 구축을 위해 한반도의 남서와 동북을 연결하는 교차철도망인 경원선, 호남선, 경전선을 차례로 건설하였으며 식민지 지배체제 확립을 위하여 「조선철도 12년 계획」을 세워 철도망을 확장하였다.

서울역 1925년 준공

경인선 개통당시 인천에서 노량진까지 1시간 30분이 소요되었고 하루 1~3회 왕복운행이 전부였으나 1905년경에는 하루 4~6회로 늘어났다. 경부선은 개통 당시 서대문~초량을 하루 1회 왕복운행 하였으나 편도 시간이 약 30시간에 달하였다. 하지만 직통급행열차가 투입되면서 같은 구간을 14시간 만에 주파할 수 있게 되었으며 1906년부터는 서울과 부산을 11시간에 주파하는 급행열차가 운행되었다. 그 후 열차의 운행속도는 급속히 향상되어 1932년 8시간, 1936년 6시간 45분에 주파하는 직통 급행열차가 운행되었다.

일본의 패망으로 해방을 맞이하였으나 남북이 분단되면서 우리나라는 당시 한반도 철도 영업선 6,362km의 1/3수준인 2,642km만을 운행하게 된다. 남북 운행이 중지되어 반신불수 상태에서 한반도 종단철도는 기능을 상실하게 되었다. 1950년 6·25 전쟁으로 철도는 막대한 피해를 입었음에도 불구하고 피난길 수송을 전담하였고, 유엔군의 참선이후 군수물사 수송을 위한 철도복구 업무를 수행하여 1951년 8월에는 정상적인 운행을 재개할 수 있을 만큼 모든 철도가 복구되었다. 또한 일부 산업선 건설에 착수하여 괄목할 만한 성과를 거두었다.

6·25 당시 한강철교

1960년대와 1970년대에 추진된 '경제개발 5개년 계획'에서 철도는 명실공히 경제·사회개발의 동맥이었다. 자립경제 기반을 구축하기 위해 전력, 석탄 등 에너지 공급원을 확보하고 기간산업 육성에 있어 철도는 중추적 사회간접자본이었다. 그러나 1970년대 중반 경부고속도로가 개통된 이래 자동차가 급격히 증가하여 철도 수송 분담은 급격히 감소하였다.

도입 디젤동차 가동(1966)

고속도로와 국도가 급속도로 확장 정비된 1980년대 중반 이후에는 철도의 수송 분담비율이 더욱 떨어지게 되었고 이런 추세는 최근까지 이어지고 있다.

## 철도 시설부족과 경쟁력의 인과관계

우리나라 철도의 가장 큰 문제점은 철도수송 기반시설의 용량이 절대적으로 부족하다는 것이다. 국토를 잇는 대동맥으로 철도는 경제개발 초창기인 70년대 중반까지 경제발전의 중추적인 역할을 수행하였으나 70년대 후반 경부고속도로 개통 이후 경제정책에서 소외되기 시작하였다. 실제로 철도는 제1차 경제개발 5개년 계획기간 중 전체 교통투자의 60%가 투자되었으나 비율이 점차 감소하여 제 6차 경제개발 5개년 계획기간에는 10%로 급격히 낮아졌다. 이는 결국 철도 서비스의 질 저하와 철도 수요 감소의 원인이 되었고 종국에는 철도가 존망의 위기로까지 이어지게 된다.

주요 노선의 용량은 일찍부터 한계에 도달하였으며, 속도 역시 경쟁력을 갖추지 못하고 있다. 현재 고속철도 구간을 제외하고는 경부선 구간에서만 평균시속 100km가 가능하다. 나머지 다른 구간의 평균시속은 모두 70km 수준에 머무르고 있다. 우리나라의 철도연장은 69개 노선 3,399km로 철도선진국인 일본, 프랑스, 독일에 비하면 절대적으로

부족하다. 이를 국토 면적에 대비하면 우리나라 철도연장은 독일의 1/4, 일본의 1/2 수준에 불과하다. 또한 고속철도와 경부, 호남선을 제외한 노선은 대부분 단선(복선화비율 39%)이고 전철화도 매우 느리게(53%) 진행되고 있다. 또한 주요항만이나 내륙컨테이너기지(Inland Container Depot) 내의 철도수송 시설과 컨테이너 야적장(Container Yard) 역시 장소가 협소하거나 하역장비가 부족하여 수송물량 유치가 곤란한 것으로 알려져 있다.

교통·물류부문 경쟁력을 높이기 위해서는 철도의 역할이 확대되어 전체 수송에서의 분담비율을 높여야 한다. 그러기 위해서는 철도시설부분에 대한 집중투자가 필요하며 특히 신설노선의 건설과 함께 기존노선의 복선화, 전철화를 통한 속도향상, 용량확대 등이 시급하게 요구된다.

운영의 비효율성은 우리나라 철도가 개선해야 할 또 다른 문제이다. 현재 철도운영의 핵심인 경부선과 호남선은 역(逆) 와이(Y)자형의 노선체계를 유지하고 있어 공동구간인 서울~대전 구간에서 획기적인 용량개선이 이루어지지 않으면 실질적인 용량증대 효과를 얻지 못하게 된다. 호남선 복선화와 전라선 개량사업으로 내선 이남의 선로용량은 증가되었지만 공동구간인 서울~대전구간의 용량부족으로 실질적인 열차운행횟수의 증가로 이어지지 못한 상태이다. 경부선에 비하여 1/4수준에 머물렀으며 공급부족과 저속운행의 원인이 되고 있다. 특히 낮은 속도와 공급부족은 철도의 전반적인 경쟁력을 약화시켜 철도 이용자 이탈의 직접적인 원인이었다. 열차 운행횟수가 계속 증가된 경부선 축의 수송 분담비율은 철도가 고속버스보다 높지만, 열차공급이 적은 호남축의 철도 분담비율이 고속버스 분담비율보다 낮은 것은 이와 같은 인과관계를 잘 설명하고 있다.

## 변화의 시작

지난 30년 동안 도로건설을 크게 확대하였으나 교통 혼잡은 오히려 심화되었고 물류비 역시 여전히 증가하고 있다. 이 때문에 최근 교통정책 결정과정에서 국가 물류경쟁력 확보를 위해 철도에 대한 투자의 필요성이 부각되고 있다. 특히 고속전철이 건설되기 시작한 1994년 이후 평균적으로 교통시설투자의 약 20%가 투자되고 있다. 철도 내부에서도 역세권 개발, 화물터미널의 건설 및 운영 참여, 광고 대행업, 상가운영 등 경영의 다각화를 꾀하며 변화를 시도하고 있다. 이와 함께 철도 건설에 민간자본을 유치함으로써 정부의 재정 부담을 줄이려는 노력도 하고 있다.

특히 1980년대 중반 이후 우리나라 인구 및 국민총생산의 3분의 2가 집중된 경부선 축에 경부고속철도의 건설이 기획되었다. 결국 2004년 4월 서울~부산 중 서울~대구 구간의 경부고속철도가 1단계로 개통되었고, 대구~부산 구간을 추가로 건설하여 2010년에 모든 구간 개통이 예정되어 있다. 경부고속철도 1단계 개통으로 철도수송 실적이 다시 증가하기 시작하여 철도가 국가 간선교통체계의 중추적 역할을 담당할 수 있는 전환점이 될 것으로 기대되고 있다.

2010년 경부고속철도가 모든 구간에서 완공되고 전라선, 경전선, 장항선 등 주요간선의 복선화와 전철화 사업이 완공되면 선로용량 증가와 신형개선으로 시간단축과 선로이용 효율 증가를 기대할 수 있다. 이런 노력들은 최종적으로 철도 수송여건을 크게 개선하여, 지역발전을 촉진하고 도시 교통난을 해소하는데 기여할 것으로 기대된다. 결국 철도의 역할이 확대되면 국토의 균형적 발전을 촉진하고 물류경쟁력을 크게 개선함으로써 국가경쟁력을 높이게 될 것이다.

# 3장 외국의 선택

## 왜 철도인가?

20세기 대부분의 국가들에서 추진한 교통정책은 우리나라에서와 같이 '도로건설'이었다. 하지만 21세기를 앞둔 20세기 후반부터 선진국을 중심으로 기존 교통정책의 많은 부작용을 인지하기 시작했다. 버스나 철도와 같은 대중교통의 이용객이 급감하고 승용차 교통량이 급속히 증가하면서 도로 혼잡과 교통사고, 대기오염·소음 등이 심각한 사회·경제적 문제로 대두되었다. 실제로 자동차 배기가스에 의한 대기오염의 악화는 국민의 건강을 위협하고 더 나아가 기후에까지 영향을 미친다는 각종 분석은 환경부문에 대한 관심을 높이는 계기가 되었다.

1992년 브라질 리우에서 개최된 지구정상회담(The Earth Summit)을 통해 교통부문에서 유발되는 대기오염이 지구 온난화와 기후변화의 주요 요인임이 확인되었다. 이는 교통부문의 환경영향이 특정 국가 내부의 문제를 넘어 지구 전체의 운명에 영향을 준다는 점을 제기한 것이다. 이어 1997년 일본 교토에서 온실가스 배출량 감축을 위한 '교토의정서'가 채택되었으며 2005년부터 전세계 대부분의 국가들의 국제협약으로 발효되었다. 이에 따라 2001년 교토협약을 탈퇴한 미국을 제외한 영국, 독일, 프랑스, 일본 등 대부분의 선진국들은 2008년부터 2012년까지 온실가스 배출을 1990년 보다 5.2% 의무적으로 줄여야한다. 아직까지 우리나라는 교토의정서에서 개발도상국 지위를 인정받아 UN기후변화사무국에 정기적으로 국가보고서를 제출하는 것 외에 공식적인 '의무'는 없다. 그러나 에너지 소비 세계 10위, 온실가스 배출 세계 9위인 우리나라는 2차 의무감축 이행기간인 2013년 이후 의무감축 대상국에 포함될 것으로 전망된다. 이런 상황에서 교통부문의 환경에 대한 책무는 점점 커지고 있다.

그러면 교통부문에서 발생하는 부정적인 영향은 어느 정도인가? 스위스(Infra)와 독일(IWW) 컨설팅회사가 분석한 결과에 따르면 1995년에 유럽 17개 국가에서 발생한 교통부문의 사회적 외부비용은 이들 17개 국가 국내총생산(GDP)의 7.8%에 달한다. 그 가운데 1/3 정도가 교통사고로 인한 비용(29%)이었고 나머지는 환경과 관련된 비용으로 대기오염은 25%, 기후변화는 23%, 소음 등 기타 환경피해는 11%였다. 이 결과는 교통부문이 환경에 미치는 부정적인 영향이 매우 크다는 점을 증명하고 있다. 비용 발생원을 살펴보면 승용차와 화물자동차가 각각 57%와 29.4%였고, 항공은 6%, 철도는 1.9%, 수로는 0.5% 정도로 교통수단간 현격한 격차를 보여주고 있다. 다시 말해 전체 환경비용 중에서 90% 정도가 자동차, 즉 도로부문에서 발생하고 있다는 것이다.

## 철도경쟁력의 강화를 위한 노력

선진국을 중심으로 철도의 역할을 강화하기 위한 개혁이 시도되었다. 개혁의 방향은 주로 철도시설을 담당하는 주체와 철도교통을 운영하는 주체를 분리하는 것이었다. 소위 '철도의 상하분리'로 불리는 정책방향의 근거는 두 가지였다.

첫째 근거는 철도교통 운영자가 시설투자를 하는데 필요한 재정적인 부담, 즉 초기비용을 줄여주기 위해서였다. 과거 철도교통 운영자는 자신이 보유하고 있는 시설을 운영할 뿐 아니라 새로운 시설에 대한 투자에 대해서도 책임이 있었다. 그러나 철도이용객이 감소하고 있는 상황에서 철도교통 운영자는 새로운 시설투자에 소극적일 수밖에 없었다. 따라서 철도개혁을 단행한 국가들은 철도교통 운영자의 시설투자에 대한 부담을 없애고 시설을 공공부문이 책임지는 것이 철도교통 이용확대를 위한 필수적인 요건이라고 판단하였다.

둘째 근거는 철도가 다른 교통수단, 특히 도로와 공정한 경쟁을 할 수 있는 여건이 마련되어 있지 않다는 것이었다. 실제 도로는 국가가 막대한 비용을 들여 시설에 투자하여 왔다. 물론 고속도로의 경우에는 이용자가 통행료를 지불하여 비용의 일부를 부담하고 있으나 도시 등 지역의 지방도나 국도의 경우에는 이용자의 부담은 거의 없다. 반면 철도는 90년대 중반까지도 운영자가 시설의 건설과 운영에 필요한 비용을 부담했기 때문에 이와 관련된 비용이 철도요금에 포함될 수밖에 없었다. 반면 자동차 이용자는 운행과정에서 발생하는 교통사고, 대기오염, 도로혼잡 등의 외부비용은 거의 부담하지 않았다. 결국 이용자가 부담하는 비용을 비교해보면 철도는 도로에 비해 상대적으로 훨씬 많이 부담하기 때문에 경쟁력이 낮을 수밖에 없다. 결국 철도와 도로 간에 공정한 경쟁이 성립되지 않는다는 것이다. 따라서 철도개혁을 단행한 국가들은 이러한 불공정한 경쟁 조건이 교통시장을 왜곡시켜 도로의 과도한 이용과 철도수요의 감축을 야기하여 궁극적으로 자원의 효율적인 이용을 저해했다고 판단하였다.

철도개혁은 그 동안 추구해왔던 도로 중심의 교통정책을 바꾸는 시발점이었다. 철도개혁과 함께 대부분의 국가들은 도로에 대한 투자는 줄이고 철도에 대한 투자비율을 크게 높이기 시작했다. 결국 철도개혁 이후 철도는 새롭게 탄생한 셈이다. 실제로 독일, 프랑스, 영국 등 유럽연합 국가들은 90년대 말 중장기교통투자정책(1998~2005)을 수립하여, 도로투자액의 2배 이상을 철도에 집중 투자하고 있다.

# 4장 공간의 가치

철도의 장점에서 빠지지 않는 항목으로 '한정된 공간의 효율적 이용'이 있다. 철도는 대중교통이기 때문에 이동과정에서 도로보다 상대적으로 적은 공간을 필요로 한다. 또 다른 큰 장점은 도로를 이용하는 승용차와 비교하여 주차공간이 굉장히 줄어든다는 점이다.

주차장은 통상적으로 사용자입장에서 '공짜'로 인식되고 있는데, 실제로는 사회전체가 그 비용을 지불하는 것으로 보는게 타당하다. 최근 서울의 어떤 구청에서 주차장을 확보하기 위해서 거의 '전쟁'수준의 노력을 보이고 있다. 주차장 건설에 민간자본이 활용되기도 하지만, 구청 등 공공부문의 일반회계에서 부담이 되고 경우도 있다.

교통수단간 공간점유 실험

주차장에 대한 지출은 그 만큼 다른 부문의 희생을 의미하게 된다. 예를 들어 서울시와 경기도에서는 그린파킹(Green Parking)이라는 정책으로 담을 없애고 주차장을 만드는 경우 공사비용의 일부를 지원하고 있다. 이는 승용차 이용을 보조하는 대표적인 정책으로 사회적으로 바람직하지 않다.

승용차 이용이 당연하다는 인식에서 구상된 이러한 정책들은 승용차 사용을 장려하는 셈이다. 즉, '실제적'인 비용이 아닌 '왜곡된' 비용을 부담하면서 사람들은 교통수단을 선택하고 있는 것이다. 이러한 왜곡된 교통수단 선택은 경제적으로도 바람직하지 못하다. 에너지 이용효율이 크게 낮아지며 각종 환경오염과 사고가 발생하는 등 사회적인 비용이 크게 양산되기 때문이다. 특히 최근 증가추세인 할인매장의 경우, 주차장 확보는 사업성공을 위한 필수조건이 되었고, 사업자의 입장을 정부가 받아들여 세수를 확보하는 것이 당연하다고 생각할 수 있다. 그러므로 주차공간을 '공공재'로 인식한 정부가 주차장을 제공하고, 사용자들은 '공짜'로 또는 실제비용보다 터무니없이 낮은 가격으로 사용하는 것을 '권리'라고 생각하는 묘한 상황이 벌어지고 있다.

공공재는 원칙적으로 '공짜'가 아니다. 국방, 치안 등과 같이 모두에게서 세금을 받아 제공하는 공공재를 볼 수 있듯이 공공재의 혜택을 보는 사람들은 모두 적정한 비용을 부담하는 것이 원칙이다. 다만 공유재의 경우 대가를 지불하지 않고 이용할 수 있다. 하지만 '공유재의 비극'에서와 같이 모두가 대가를 지불하지 않는 자원은 결국 소멸된다는 사실을 상기할 필요가 있다. 가렛 하딘(Garett Hardin)이 1968년 한 과학에세이에 소개한 내용을 소개해 본다.

"한 마을에 적당한 크기의 목초지가 있었다. 그 마을에는 10가구가 오순도순 살고 있었는데, 각각 한 마리의 소를 키우고 있었고 그 목초지는 소 열 마리가 풀을 뜯는 데 적당한 크기였다. 소들은 좋은 젖을 주민들에게 공급하면서 튼튼하게 자랄 수 있었다. 한 집에서 욕심을 부려 소를 한 마리 더 키우게 되면서 문제가 시작되었다. 다른 집들도 소 한 마리, 또 한 마리 등 욕심을 부리기 시작하면서 목초지는 풀뿌리까지 뽑히게 되고 결국 소가 한 마리도 살아갈 수 없는 황폐한 공간으로 바뀌고 말았다." 이상이 '공유재의 비극'(The tragedy of commons)을 설명하는 사례이다.

많은 도로나 주차장 등 승용차 이용관련 시설들을 공유재로 인식하여 과도한 사용을 할수도 있다. 개인이 운영하는 유료 주차장이 있지만, 근본적으로 모든 주차공간은 대가를 사용자가 지불하여야 한다. 만약 공짜로 사용하는 주차공간이 있다면, 이는 자동차 사용자에 대한 사회 또는 정부의 또 다른 지원이라고 보아야 한다. 이와 함께 실제 비용보다 낮게 책정된 주차비용도 역시 정부의 지원이라 할 수 있다. 정부의 지원이 있으면, 결국 사용을 장려하는 꼴이 되고 과다한 사용을 유도하게 되는 것이다.

대규모의 백화점이나 시장이 주차장을 무료로 제공한다

면, 결국 자동차를 사용하지 않는 사람들이 자동차를 사용하는 사람들에게 재정적인 지원을 하는 모양이 된다. 주차장 이용이 공짜일 수는 없으므로, 실제로 누가 지불하느냐는 형평성의 문제이다. 도심에 위치했다면 높은 토지비용을 고려할 때, 그 주차비용이 적은 금액이 아닐 것이라는 것을 쉽게 짐작할 수 있다. 사업자의 입장에서 보면, 주차를 제공하기 위한 비용을 영업비용으로 상계처리 하겠지만, 결국 이는 정부에 내야 할 세금을 줄이는 결과로 이어진다.

사업자 입장에서 보면, 비용이 들더라도 편안한 주차를 무료로 제공해 주는 것이 바람직할 것이다. 주차를 할 수 있느냐 없느냐가 사람들의 교통수단 선택에 엄청난 영향을 미친다는 것은 이미 많은 학술적인 연구나 실제적인 조사에서 증명된 바가 있다. 그러한 주차를 제공하여 손님은 늘어날 수 있지만, 이는 승용차 사용자를 위한 비용을 승용차가 없는 사람들에게까지도 분담시키는 결과를 가져온다. 왜냐하면 승용차를 가져온 사람들과 그렇지 않은 사람들 모두 같은 상품 값을 지불하지만, 사업자는 승용차 사용자에게 들어간 비용을 상품 값에 반영하고 있기 때문이다.

하루 동안 승용차의 행적을 보면, 대부분의 시간, 즉 80% 이상의 시간을 주차장에 세워 두고 있다. 게다가 한 대의 차량에 필요한 주차공간은 한 면 이상을 필요로 한다. 주택과 업무지에서 필요한 것은 말할 것도 없고, 백화점이나 방문지 등 각종 중간기착지에서도 주차장이 필요하다. 우리나라에서는 정확히 몇 면이나 필요한지 통계는 없으나, 미국의 경우 약 8면의 주차장이 필요하다고 한다. 물론 주차공간을 여러 대의 차가 돌아가면서 활용은 하지만, 그 전체 소요규모는 생각했던 것보다도 훨씬 크다는 것을 알 수 있다. 현재 우리나라 대도시에서 겪고 있는 주차난을 생각해 보면 쉽게 이해가 될 것이다.

정책입안자들은 이러한 문제를 주차장을 더 확보함으로써 해결하려 하고 있다. 미국의 경우, 주택건설 허가 시점에 기초 주차장의 확보면적을 더 많이 요구하는 정책을 추구하고 있고 우리나라에서도 교통영향평가 과정에서 주차공간의 확보를 다루고 있다. 이런 정책들은 사회적으로 필요한 주차공간을 건축주에게 부담하게 하여 일견 현명한 정책으로 보이기도 하지만 실제로는 건물이나 주택의 가격만 올려놓는 결과를 가져온다.

만약 우리나라의 경우 자동차 1대가 3면의 주차공간이 필요하나고 가정 할 때, 1면이 약 2평이라고 하면, 대당 12평의 주차면적이 필요하다. 서울시 전체의 차량을 500만대로 상정하면, 30억 평의 면적이 주차장으로 필요하다는 계산이 나온다. 서울시의 평균 평당 지가를 생각해 보면 실로 엄청난 비용이 아닐 수 없다. 지하나 구조물루 만든 주차공간은 비용이 평지처럼 높을 것이다. 여기에서 제기한 비용은 기초적인 계산에 지나지 않으나, 구체적으로 계산해 보면, 실제적인 비용은 엄청날 것이다.

도로에 소요되는 토지 역시 비슷한 논리를 적용할 수 있다. 도로는 '공공재'이며 '공짜'여야 한다고 많은 사람들이 생각하고 있다. 하지만 도로에 대한 투자는 '매몰'비용이다. 도로가 사용되지 않는다고 해도, 다시 개간을 해서 생산을 위해 사용되고 있는 사례는 찾아보기 어렵다.

일단 투자한 도로는 사회전체에 편익을 제공해주어야 하는데, 실제적으로는 승용차를 사용하는 사람에게만 편익이 가고 있다. 승용차를 사용하는 사람은 도로를 공짜로 사용하고 있는 것이다.

사용하는 사람들이 비용을 지불하는 것이 합당한 처사가

아닌가? 앞으로도 계속 도로의 사용이 공짜여야 하는가에 대해서는 공론화 과정을 통해 사회적 평가를 받을 필요가 있다.

# 5장 정부서비스의 불균형

## ∴ 시장경제

과거에 경제체제는 단순히 자본주의시장경제와 사회주의 계획경제로 나누어 구분하였다. 이런 구분의 첫째 기준은, 생산·교환·분배·소비 등의 경제활동이 시장을 통하여 이루어지느냐, 아니면 정부의 계획과 지시에 의하여 이루어지느냐이다. 둘째 기준은 생산수단이 민간에 의해 개인적으로 소유되느냐, 아니면 국가나 공공단체에 의해 공동으로 소유되느냐이다. 자본주의 시장경제란 생산수단의 개인적 소유가 원칙이고 경제활동도 주로 시장을 통해 이루어진다. 반면, 사회주의 계획경제는 생산수단의 소유가 공적이고 경제활동도 주로 정부의 계획을 통해 이루어진다.

그러나 중국이 80년대에 실용주의 노선의 개혁개방정책을 채택하면서 사회주의 체제에서 일관되게 시행되어오던 계획경제와는 전혀 다른 시장경제의 도입을 본격적으로 추진하였다. 역사적으로 상충돼온 두 가지 요소가 정리된 것은 1992년 1월 덩샤오핑(鄧小平)에 의한 '남순강화(南巡講話)'에서였다. 그는 "사회주의에 시장이 있으며 자본주의에도 계획이 있다"고 지적하였고, 같은 해 6월에는 장쩌민(江澤民) 총서기가 이를 구체화해 '사회주의시장경제'를 공식 제창하였다. 다시 말해, 시장체제는 양자택일의 문제가 아니라 어느 쪽을 더 많이 선택하느냐의 문제로 변한 것이다. 현재에도 경제활동과 생산수단의 소유에 대한 다양한 형태의 조합이 시도되고 있으며 그 변화는 계속될 것으로 보인다. 중국 외에도, 러시아, 폴란드, 체고, 헝가리, 몽골, 베트남 같은 나라들도 생산수단의 공적 소유가 지배적이면서도 경제활동의 조정기능은 주로 시장에 맡기는 사회주의 시장경제로 전환하였다.

그러면, 시장경제란 어떤 것인가? 우리가 흔히 줄여서 시장경제라고 부르는 자본주의 시장경제체제에서는 가계나 기업 등 경제주체들이 시장에서 형성되는 가격을 중심으로 재화나 서비스를 생산하고 거래하는 경제활동을 한다. 예를 들어, 호박 하나에 1,000원이라고 하면 농민은 1,000원이라는 가격을 지표로 얼마만큼 호박을 생산할 것인가를 계획하고, 소비자들은 몇 개의 호박을 살 것인가를 결정한다. 이러한 상황에서 소비자들이 사고자 하는 호박이 농민이 팔고자 하는 호박보다 많을 경우 비싼 가격을 내고라도 호박을 사는 사람과 포기하는 사람이 생기게 되며 이러한 과정에서 가격이 오르고 생산도 늘어나게 된다. 그 반대의 경우도 마찬가지이다. 이와 같이 가격은 인위적인 간섭이 없어도 재화나 서비스를 필요한 사람에게 배분해 주는 기능을 한다.

시장경제에서 개인이나 기업 등 경제주체들이 '가격'이라는 지표를 보고, 자율적 의사에 따라 자유로운 선택을 하는 과정에서 경쟁이나 협력이 이루어진다. 결국 시장경제에서는 비슷한 물건이나 서비스를 경쟁자보다 싸게 팔거나 싼 값에 더 좋은 물건이나 서비스를 공급하는 사람이 시장을 지배하게 되며 협력을 통해 가격을 낮출 수도 있다. 개인이나 기업 등이 참여하는 경쟁과 협력은 일정한 조건과 원칙아래서 모든 사람에게 균등한 기회를 보장하도록 운용되어야 한다.

## 정부계획이 시장을 대체할 수 있는가?

철도 등 대중교통의 중요성을 부각하는 책 한권이 미국에서 발간되었다. 이 책은 미국 사회의 심각한 자동차 의존성이 경제와 환경에 미치는 영향에 대하여 경고하고 대안의 모색을 요구하고 있다. 「The Elephant in the Bedroom」이라는 책에서 저자는 구 소련의 계획경제를 다음과 같이 설명하고 있다. 고르바초프는 "낮은 빵 가격과 빵을 만드는데 들어가는 수고나 노력은 아무런 관계가 없다"고 말했다. "우리는 아이들이 축구공대신 롤빵을 굴리며 축구를 하고 있는 걸 본다." 고르바초프는 또 다른 상황을 지적하며 소련 농민들이 빵 가격이 정부보조금으로 인해 목초나 곡물보다 싸기 때문에 가축에게도 빵을 먹이고 있다고 말했다.

소련체제 붕괴 이후 중앙계획적인 시장통제를 시도한 스탈린의 선택이 옳지 않았다는 것은 이제 역사를 통해 증명되었다. 소위 계획경제의 치명적인 결과물들, 즉 자원의 낭비, 소비재 및 서비스의 부족, 환경적 폐해, 모든 노동자나 관리자 계층에서의 낮은 동기부여 등에 대해 이견을 제시하는 사람은 더 이상 없다. 풍요를 원하는 사회에서 시장경제의 효과성은 이제 스탈린의 실험 실패에 의해 더욱 공고해졌고 사람들은 보다 큰 확신을 갖게 되었다. 계획경제의 상징이었던 러시아가 시장경제체제를 채택하고 스탈린주의가 남긴 부작용을 제거하기 위해 노력하는 것을 보면 시장경제의 효과성에 대한 확신은 더욱 커진다.

자본주의 국가에서도 소련에서와 같은 계획주의가 존재하는 사례는 종종 발견된다. 예를 들어 미국 각 주에서 고속도로국과 연방교통부가 수행하는 교통계획은 러시아의 국가기획위원회(GOSPLAN)의 역할과 많은 면에서 흡사하다. 고속도로를 건설할 것인지의 여부나, 어디에 건설할 것인지, 혹은 연방정부 예산획득이나 보조금과 관련된 결정은 정치적이거나 행정적인 전략에 의해 좌우된다. 이는 소련의 제도였던 국가기획위원회(GOSPLAN)에서의 '계획지침'처럼 매우 자의적인 부분이 많다. 현실적인 정당성은 이 절차에 거의 반영되지 않는다.

## 정부의 개입

시장경제 효율성의 핵심인 '가격'이 어떤 누군가의 간섭이나 정부의 개입에 의해 통제되거나 왜곡되는 경우는 없을까? 예를 들어, 호박을 생산하는 농민 100명이 있는데, 그 지방의 군수가 A라는 농민에게만 인건비가 적게 드는 외국인 노동자 고용을 허가한다면 A의 생산비용은 내국인을 고용했을 때 보다 낮아지게 될 것이다. 따라서 혜택을 받은 A가 생산한 호박의 가격은 낮게 형성될 수 있고, 소비자는 낮은 가격만을 보고 상품을 선택할 것이다. 결국 A에 비해 불리한 위치에 놓인 다른 농민들은 불공정한 경쟁 상태에 놓이게 되고 A가 설정한 낮은 가격에 맞추어 팔게 되어 손해를 볼 수도 있다. 이러한 상황이 계속되면 호박을 생산하는 다른 많은 농민들이 생산을 중지하여 호박의 가격이 지나치게 높아지거나 호박시장 자체가 붕괴될 수도 있다. 이와 같이 정부의 불공정한 개입은 불공정한 경쟁을 야기하여 시장의 균형을 깨거나 시장에서 생산자와 수요자를 몰아내는 사태를 초래하기도 한다.

## 교통시장, 시장경제원리가 작동 하는가?

도로, 철도, 공항, 항만 등의 교통시설은 주로 정부가 공급한다. 이유는 교통시설에 소요되는 비용이 큰 반면, 비용의 회수가 어렵거나 장기간이 소요되기 때문에 시장자체적인 기능으로는 공급이 매우 어렵기 때문이다. 지하철 1km 건설하는데 1,000～1,100억 원이 들고, 왕복 4차선 고속도로 1km에 200～300억 원, 복선철도 1km 건설에는 300～400억 원이 소요된다. 민간이 건설해서는 수지를 맞추기 어렵고, 이용 대가를 받기도 쉽지 않다. 예를 들어, 고속도로를 제외한 도로(일반국도, 지방도 등)에 일일이 요금소를 만들어 통행료를 받을 경우 이용자의 자유로운 진출입이 어렵고 도로 이용효율도 크게 떨어질 수밖에 없다.

이런 상황에서 도로이용이 공짜거나 매우 낮은 비용만을 부담하면 어떤 결과로 이어질까? 도로는 과도한 이용으로 혼잡 등 부작용이 발생하고, 도로를 대체할 수 있는 교통수단인 철도는 선로사용료를 지불하기 때문에 그만큼 요금이 높아진다. 따라서 철도는 불공정한 경쟁을 하면서 충분히 이용되지 못하여 종국에는 서비스가 불가능하게 될 수도 있다. 다시 말해 승용차 운전자가 도로를 공짜로 이용한다는 것은 정부로부터 간접적인 보조금을 받는 것과 같기 때문에, 철도요금에 철도시설 비용을 반영하고 있는 철도교통 운영자는 수요자를 잃을 수밖에 없다.

시설과 관련된 문제 외에 정부가 교통부문에 개입하여 시장경제 원칙이 적용되기 어려운 또 다른 이유는 교통부문에 특수하게 존재하는 외부경제(external economy) 때문이다. 예를 들어, 자동차에서 발생되는 배기가스는 시민의 건강을 해치지만 운전자가 직접 피해시민에게 병원비나 약값을 지불하지 않기 때문에 공공의 개입이 필요하게 된다. 이런 유형의 외부경제를 일반적으로 '부정적 외부경제'라고 한다.

반대의 경우도 있다. 아직 봄이 오지 않은 늦겨울에 제주에 가면 만발한 유채꽃을 볼 수 있고 가을에 평창에 가면 흐드러지게 핀 메밀꽃을 볼 수 있다. 지나가면서 경치를 구경하는 사람들을 즐겁게 해주고 주위에서 꿀벌을 치는 양봉업자는 꿀을 얻게 되지만 그 대가를 유채꽃밭 주인이나 메밀밭 주인에게 지불하지는 않는다. 이와 같이 이익을 받은 사람이 이익을 준 사람에게 가격을 지불하지 않는 경우를 '긍정적 외부경제'라고 한다.

교통시설은 막대한 비용이 필요하기 때문에 시장에 의해 공급이 이루어지지 않는다. 하지만 교통시설은 경제 전반의 효율성을 높이기 때문에 정부가 재정을 투입하여 공급하는 것이 일반적이다. 정부는 교통시설의 공급을 통해 국민에게 막대한 긍정적 외부효과를 얻을 수 있는 기회를 제공한다. 반면 도로에서 승용차를 이용하면서 환경이 오염되고 사고가 발생하게 되면, 이는 사회적 비용이 되어 부정적 외부효과를 발생시킨다. 정부는 이와 같은 외부효과를 적절히 관리하고 대응해야 한다. 이런 이유로 교통부문에서 정부의 역할은 매우 중요하다.

그렇다면 이러한 교통의 외부효과를 "시장"에 반영할 수는 없는 것인가?

교통부문에 시장경제 원칙을 적용할 수 없는 것은 아니다. 다만 교통의 특성을 정확하게 인식하고 대비한다면 가능한 부분부터 시장경제 원칙을 적용할 수 있을 것이다. 시장경제의 한계와 효율성에 대한 이해가 부족하게 되면 결국 도로·철도 등 교통부문간 불균형이 심화되고 사회적 비용이 증가하여 스스로 유지 불가능한 상태로 빠지게 될 것이다.

## 정부 서비스의 불균형 문제

교통시설에 대한 재정지원과 외부효과 때문에 교통부문에서 시장경제 원칙이 완벽하게 작동되기는 어렵다. 따라서 이를 보완하려는 정부의 교통정책이 매우중요하다. 그렇다면 현재 우리 정부는 어떤 정책을 펴고 있는지 살펴볼 필요가 있다.

### 도로는 무료, 철도는 유료?

우리나라의 도로연장은 약 10만km이다. 도로 중 고속도로 3,400km를 제외하고 승용차 운전자는 도로를 이용하면서 사용료를 지불하지 않는다. 주차장도 무료로 이용하는 경우가 많다. 이런 이유 때문에 우리나라 승용차 1대당 연평균 주행거리는 매우 높다.

철도운영자는 철도선로 등 시설을 이용하여 열차를 운행하고 사용료, 즉 선로사용료를 지불하고 있다. 우리나라 철도공사는 고속철도(KTX)와 새마을·무궁화호를 운행하고 매년 약 5,000억 원의 선로사용료를 지불하고 있다. 참고로 2005년에 철도공사의 적자규모가 약 6,000억 원인 점을 감안할 때 철도선로를 공짜로 이용할 수 있다면 흑자경영도 기대할 수 있다는 것이다.

### ▷▶ *교통경찰이 도로관리원?*

요즘에는 도로와 철도, 도로와 도로의 교차지점을 입체화하거나 사람이 건너다니는 육교나 지하통로를 별도로 만들어서 신호등이 필요하지 않는 곳도 많아지고 있다. 하지만 아직도 도로에는 신호등이 많이 발견된다. 승용차를 운전하는 사람들이라면 모두 교통경찰이 교차로에서 교통정리를 하거나 교통단속을 하는 모습을 보았을 것이다. 교통경찰은 공무원으로 국가에서 봉급을 주기 때문에 도로를 이용하는 운전자들이 이들을 위해 특별히 관리비를 지불하지는 않는다. 신호등 운영비 역시 국가나 시·군 등 지자체가 예산을 편성하여 운영한다. 하지만 철도건널목에서 교통을 통제하는 사람은 철도공사 직원으로 철도공사에서 인건비를 부담하며 이는 철도요금에 반영되므로 이용자가 비용을 부담하고 있는 셈이다.

### ▷ 도로 가로등과 철도 터널 조명등

국가와 지자체는 국도와 지방도에 가로등을 설치하여 운영하고 있다. 물론 운영비용도 국가나 지자체가 부담한다. 철도 터널 구간에도 조명장치가 설치되어 있다. 특히, 고속철도(KTX)가 달리는 경부선은 전체 선로의 1/3이 터널구간이다. 이 터널의 조명에 드는 전기료는 철도를 운영하는 철도공사가 부담하고 있다. 결국 전기료도 철도이용자들이 부담하는 것이다.

## 교통부문의 사회적 비용

현재 우리나라 자가용 승용차 보급률은 가구당 1대 꼴이다. 승용차를 보유한다는 것은 차량 구입비 외에 각종 세금, 보험료, 유지보수비, 연료비 등을 감당한다는 것이다. 이와 같이, 어떤 재화나 서비스를 생산·구입·판매할 때 개인이 직접 부담하는 비용은 직접비용이다. 반면 승용차를 이용하면 대기오염과 소음 등을 발생시켜 다른 사람들에게 불쾌감을 주고 심지어 건강까지 해치는 등의 피해를 주지만 승용차 이용자가 피해자를 만나 직접보상을 하지는 않는다. 대부분 보상은 없고 완화대책을 마련하는 등의 소극적 노력을 하고 있는데 이때 비용은 운전자와 피해자를 포함한 사회전체가 공동으로 부담한다.

이와 같이 개별비용을 포함하여 사회가 간접적인 방법으로 지불하는 비용을 사회적 비용(Social Cost)이라 말한다. 다시 말해 승용차·항공기·철도차량·선박과 같은 모든 교통수단을 이용할 때 교통 혼잡이나 대기오염, 소음, 교통사고 등 사회적으로 부담할 수밖에 없는 비용이 발생한다는 것이다.

교통수단 이용에 따라 발생하는 부정적 영향, 즉 사회적 비용은 교통수단에 따라 큰 차이를 보이고 있다. 예를 들어, 교통 혼잡은 주로 도로에서 발생되며 다른 사람에게 주는 영향도 대단히 크다. 도로를 이용하는 승용차의 수가 적을 때는 다른 이용자에게 별다른 영향을 주지 않는다. 그러나 승용차가 계속 늘어나서 시속 100km 달리던 승용차들이 시속 30~40km속도로 달리게 되면 사정이 달라진다. 나중에 도로에 진입한 승용차뿐만 아니라 먼저 도로에 진입해서 잘 달리던 승용차도 시간을 허비하게 된다. 게다가 연료도 많이 소모하게 되고 오염물질과 이산화탄소 등이 배출되어 피해는 더욱 커진다.

## 자동차 세제 : 아직도 높은 보유세 비중

조세제도에서 가장 핵심이 되는 원칙으로 '원인자 부담'이 있다. 국방이나 교육처럼 모든 사람들이 수혜를 받기 때문에 국민은 누구나 세금을 내고 있고, 폐수를 방류하는 등 환경을 훼손하면 그 원인자가 피해만큼 대가를 지불하고 있다. 이러한 원칙은 우리나라 조세제도 전반에 적용되고 있으므로, 교통부문도 예외일 수는 없다. 하지만 원인자 부담 원칙이 승용차와 관련되는 경우 어떤 모습일까?

승용차 관련 세제는 크게 승용차의 구입·보유·운행 단계로 구분되며 12가지 세금의 근거가 되고 있다. 먼저, 구입단계에서는 특별소비세, 교육세, 부가가치세, 등록세 및 취득세를 부과하고 있으며, 보유 단계에서는 자동차세 및 교육세를, 운행단계에서는 교통환경에너지세, 교육세, 주행세 및 부가세를 부과하고 있다. 한국자동차공업협회의 자료에 따르면 2004년을 기준으로 자동차 관련 세금의 구성비율은 구매단계 12.2%, 등록단계 5.3%, 보유단계 12.0%, 운행단계 70.5%이다. 최근 몇 년 동안 나타난 중요한 변화는 과세의 중심이 구매·등록·보유 단계보다는 운행단계로 점차 이전되어 왔다는 점이다.

이와 같이 운영단계의 세금비율이 높아지고 있는 것은 바람직하다. 그러나 승용차 이용에 따른 에너지 문제, 환경오염, 사고 등의 부작용을 줄이기 위해서는 원인자부담 원칙을 좀 더 강화해야 한다. 따라서 구매·등록·보유 단계의 과세 비중을 낮추고 운행단계의 세금비중을 높여 승용차의 과도한 이용을 막아야 한다. 이렇게 함으로써 승용차에 대한 국민들의 인식을 변화시키고 국가의 교통정책목표 달성을 위해 조세제도를 정책수단으로 적극 활용하여야한다. 다시 말해, 승용차가 과거에는 재산의 중요한 부분으로 부를 과시하기 위한 일종의 수단이었으나, 이제는 상징이 아닌 생활의 보편적 수단이 되어 있다. 따라서 승용차 보유 자체는 자연스럽게 받아들이되 과도한 이용을 줄이는데 정책의 초점을 맞추어야 한다.

## 교통체계의 심각한 왜곡

중앙정부나 지자체가 공공재적 특성을 가지고 있는 교통시설의 공급을 결정할 때는 모든 교통수단이 공정하게 경쟁할 수 있도록 동등한 조건을 만들어 주어야 한다. 균형 있는 정부의 판단은 국민에게 자유로운 선택의 기회를 제공하기 위해서도 반드시 고려되어야 한다. 또 그 바탕위에서 시장경제의 기본 원칙인 수요·공급 원리가 적용되도록 해야 한다. 만일 이러한 원칙이 지켜지지 않을 경우 특정 교통시설이 과도하게 공급되거나 꼭 필요한 교통시설이 공급되지 못하여 국가 전체적으로 바람직하지 못한 결과가 나타나게 된다.

이러한 문제를 대표적인 교통시설인 도로와 철도의 예를 들어 살펴보자. 앞에서도 언급한 바와 같이 우리나라 교통시설은 지나치게 도로에 집중되어 왔다. 그 배경에는 교통투자 의사결정시 반드시 고려해야 할 숨겨진 보조(Hidden subsidy)와 사회적 비용(Social cost) 문제를 간과한 데 있다. 즉, 도로나 주차장의 무료 사용과 도로 운행에 따른 환경오염이나 사고비용 등을 제대로 반영하지 않아 사회적으로 적정 수준 이상의 과다한 시설이 공급된 것이다.

부적절하게 설정된 과도한 시설공급과 간접보조로 말미암아 철도는 상대적으로 적게 이용되었기 때문에 승용차가 과도하게 이용되는 원인을 제공하였다. 이미 30, 40년 전에 다운즈(Downs)와 톰슨(Thomson)은 도로 증가와 자동차 이용증가의 상호관계를 다운스-톰슨의 역설(Downs & Thomson Paradox)로 표현한 바 있다. 역설에 따르면 도로의 증가는 자동차 이용의 증가를 유발시키고, 자동차의 이용증가는 교통 혼잡을 일으켜 결국 다시 도로의 증가를 유발시키는 악순환을 일으킨다는 것이다.

이 현상은 고스란히 우리나라 상황을 설명하고 있다. 우리나라의 자동차 등록대수가 2007년에 1,640만대가 되었다. 우리나라 사람 3명 중 1명이 자동차를 보유하고 있다. 운전이 가능한 만 18세 이상을 기준으로 할 경우에는 2명당 1명이 자동차를 보유하고 있는 셈이다. 더욱이, 우리나라의 자동차 1대당 주행거리가 자동차천국이라고 하는 미국보다도 많고 이웃 일본의 2배나 된다. 일본의 자동차 1대당 주행거리를 적용하면, 우리나라는 약 3,000만대의 자동차를 보유한 셈이다. 그래서 도로는 언제나 자동차로 넘

쳐나고, 혼잡을 줄이기 위해 또 다시 도로 확장 공사나 신설 공사를 추진하게 되는 것이다.

이와 같이 지속적으로 도로를 건설하다보니, 결국 전체 도로 길이가 10만km에 이르게 되었으며 이 중 고속도로만 해도 3,427km로 철도 전체 연장인 3,399km를 넘어섰다. 주요 선진국의 경우, 철도연장이 고속도로연장의 3~4배인 점을 감안하면 유례없는 현상이다. 세계 각국의 고속도로와 철도 연장 비교는 다음 그림과 같다.

국도와 고속도로를 합친 국도이상의 도로와 철도연장을 비교하더라도 결과는 같다. 프랑스의 경우, 철도(29,080km)가 국도 이상의 도로(36,290km)와 비슷하며 일본, 영국, 미국도 국도 이상의 도로가 철도길이의 3배 정도인데, 우리나라는 5배가 넘는다. 그만큼 도로와 비교하여 철도가 형편없이 부족하다는 얘기다.

이와 같은 도로 위주의 투자는 우리 사회에 어떤 영향을 미칠까? 도로 이용에 따른 여러 가지 사회적 비용을 철도의 경우와 비교해보면 보다 명확해진다.

세계 각국의 철도/고속도로 연장비교(km)

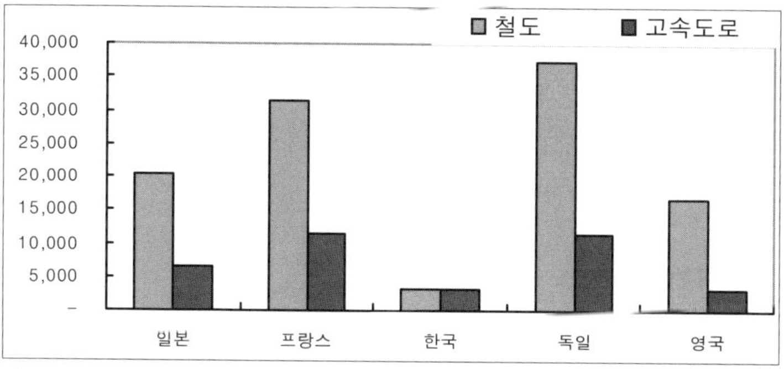


〈철도/도로(고속도로+국도) 국제 비교〉

| 국 가 | 철도영업 연장(km) | 도로연장 (km) | 인구대비 철도연장 (km/백만인) | 면적대비 철도연장 (km/천km$^2$) | 도로연장/ 철도연장 |
|---|---|---|---|---|---|
| 한 국 | 3,399 | 17,012 | 70.81 | 33.9 | 5.4 |
| 미 국 | 227,187 | 702,916 | 757.29 | 24.0 | 3.0 |
| 일 본 | 20,050 | 60,781 | 156.64 | 53.1 | 3.0 |
| 영 국 | 19,966 | 50,139 | 327.31 | 68.0 | 3.0 |
| 프랑스 | 29,547 | 36,290 | 484.38 | 52.7 | 1.2 |
| 독 일 | 34,128 | 53,301 | 416.19 | 97.2 | 1.5 |

### ▶ 환경오염

승용차를 과도하게 사용하여 발생하는 가장 심각한 문제는 환경오염이다. 도로에서 승용차 이용으로부터 발생하는 환경비용은 연간 약 27조원이다. 철도가 약 4,800억 원 수준인 점을 감안할 때 철도에 비해 무려 50배 넘는 비용을 사회에 떠맡기고 있는 셈이다. 비용뿐 아니라 대기 오염에 미치는 영향을 양적으로 비교해 보면, 도로의 단위 수송량 대비 이산화탄소 배출량이 철도의 30배나 된다. 이것은 우리 세대만의 문제가 아니라 우리 후세들까지 지속적으로 영향을 미치는 심각한 문제이다.

### ▶ 교통사고

도로 부문의 교통사고도 주의 깊게 살펴보아야 한다. 연간 자동차 교통사고는 약 21만 건으로 철도의 292건에 비해 무려 720배나 많다. 특히 사망자 수는 6,166명으로 철도의 184명에 비해 33배 이상이다. 이와 같은 교통사고로 인해 연간 14조원 이상의 사회적비용이 발생하고 있다.

### ▶ 교통 혼잡

환경비용과 교통사고비용 이외에 또 다른 사회적 비용으로 교통 혼잡 비용을 들 수 있다. 2005년 한 해 우리나라 교통혼잡비용은 23조 7,000억 원으로 우리나라 국내총생산(GDP)의 약 3%에 해당한다. 이와 같은 금액은 인천국제공항을 2.9개, 행정중심복합도시를 2.7개 건설할 수 있는 천문학적인 수치이다. 특히 서울, 인천, 경기의 교통혼잡비용은 무려 13조 1,600억 원으로 전체의 55%에 이를 만큼 수도권에 치우쳐 있다.

### ▶ 형평성

교통시설 공급정책은 소위 있는 사람에게 유리하다는 것도 큰 문제이다. 특히 최근 우리나라의 화두는 '양극화'이다. 그동안 자가용 승용차가 많이 보급됨에 따라 자가용 이용자와 대중교통 이용자 사이에도 양극화가 발생하고 있다. 왜냐하면 도로건설이 많아지면서 대중교통의 경쟁력이 낮아지거나 일부 서비스가 중단되어 상대적으로 소득이 낮은 계층이 교통의 혜택을 적게 보고 있다는 것이다. 또한 고령자 친화적이라 할 수 있는 대중교통은 고령화 시대가 진전될수록 더욱 더 중요해 진다. 왜냐하면, 고령자나 장애인의 경우 승용차 운전을 할 수 없거나 할 수 있더라도 스스로 운전하기 보다는 점차 철도와 같은 안전한 대중교통수단의 이용을 선호하기 때문이다. 그러나 승용차 이용자의 편의만을 위해 도로 공급에 너무 치우치게 되면 대중교통에 대한 지원은 상대적으로 작아질 수밖에 없다. 대중교통의 문제는 일반 대중뿐 아니라 고령자나 장애인 그리고 임산부나 어린이 같은 교통약자에게도 동일하게 적용된다.

이상에서 살펴본 바와 같이 우리나라 교통정책이 지나치게 도로중심으로 교통시설을 공급하여 승용차의 과도한 이용을 조장하고 있다는 사실을 다시 한번 지적하고 싶다. 우리와 반대로 유럽연합(EU)은 철도 투자액이 도로 투자액의 2배가 넘는다. 그들은 왜 그렇게 하고 있을까에 대해서 깊이 생각해 보아야 할 것이다. 정책당국은 미래를 위해 철저한 계획을 세우고 교통정책을 펼쳐야 할 것이다.

## ∴ 정부 교통조직의 문제와 그 영향

기업이든 정부든 일은 사람과 조직이 한다. 정부 조직이나 인적 자원 측면에서 도로와 비교하여 철도에는 어떤 문제가 있었을까? 도로 건설은 과거 건설부에서 담당하였으나 철도업무는 교통부 산하 철도청에서 관장하여 철도정책이 상대적으로 취약한 형편이었다. 왜냐하면, 철도청은 정부의 중요한 정책결정이 이루어지는 국무회의나 장관급 정책현안조정회의 등의 정식 멤버가 아니므로 이러한 회의에 참석할 수가 없었기 때문이다. 그렇다고, 교통부에 철도정책을 담당할 조직이 있었던 것도 아니기 때문에 당시 철도청의 정책을 뒷받침할 수가 없었다. 또한 철도청은 철도 관련 법률의 제정이나 개정도 직접 하지 못하고 교통부가 대신할 수밖에 없었다.

게다가 철도건설이나 개량업무 역시 철도청에서 수행했으나 철도운영이 주 업무인 조직 특성상 철도시설 투자업무를 체계적으로 할 수 있는 장기 구상이나 기획·재원조달 능력 등이 매우 열악했다. 예를 들어, 도로나 공항, 항만 등은 중장기 법정계획에 따라 체계적으로 시설투자를 해 왔으나, 철도에는 중장기 계획조차 없었다. 2004년이 되어서야 건설교통부에 철도정책기능을 수행하는 철도국이 생기고 『철도건설법』을 제정하여 중장기 철도투자계획인 「국가철도망구축계획」을 제도화하였다. 또한, 80년대 이후 철도청의 공사화나 민영화 논의가 장기간 지속되면서 우수한 인력이 유출되는 등 인적 자원역량이 감소되고 조직이 침체되어 현상유지에 급급하였다.

이와 같은 철도 조직과 제도상의 취약성이 저조한 철도 투자의 중요한 원인 중의 하나가 되었고 이것이 다시 철도 경쟁력의 약화로 이어지는 악순환 구조를 형성하였다. 지난 40년 간('62~'04) 도로와 철도의 시설 스톡을 비교해 보면, 도로 연장은 3.7배(27,169km에서 현재 100,278km)로 증가했으나, 철도 연장은 1.1배 (3,032km에서 3,374km)로 정체 상태이다.

## ∴ 문제 해결의 방향

미국 사람들은 자신들의 자동차 의존 현상이 가까운 미래에 세계를 파괴하고 행복을 앗아갈 것이라고 경고하면서, 자동차 의존은 '침실 안에 코끼리(The Elephant in the bedroom)'를 키우는 것과 같다고 비유하고 있다. 그렇다면 이렇게 심각한 자동차 의존현상을 우리는 어떻게 치유할 수 있을까?

해답은 이론적으로는 아주 간단하다. 승용차 이용자에 대한 정부의 숨겨진 보조(Hidden subsidy)와 승용차 이용에 따른 혼잡·환경오염비용 등 사회적비용(Social cost)을 합산한 실제 비용(Full cost)을 부과하면 된다. 여기에서 실제 비용이란 승용차의 사용과 관련된 모든 비용을 말한다. 문제는 이러한 비용을 승용차 이용자에게 모두 부담시킬 수 있는지, 모두 부담시킨다면 어떻게 부담시킬 것인지 등에 대해 사회적 합의 도출이 어렵다는 점이다. 그러나 우리는 최소한 정부의 직간접적인 보조에 의하여 왜곡된 교통체계는 바로 잡아야 한다. 다시 말해, 도로를 이용하는 승용차 운전자에 대한 보조를 폐지·축소하거나 철도 이용에 대한 보조를 확대하여 도로와 철도간의 불균형을 해소·완화하는 것이 선결과제이다.

# 6장 안전과 상식

지난 10년간 우리나라에서 교통사고로 9만 3천명이 죽고 370만 명이 부상을 당했다. 일생동안 교통사고로 죽거나 다칠 확률이 50%가 넘는다는 얘기다. 최근 교통사고 사망자가 줄어들고는 있지만, 아직도 연간 6,000~7,000명이 사망하고 있으며, 그 숫자는 6·25당시의 1개월 반 동안 평균 국군과 유엔군 전사자 수와 같은 규모이며, 월남전에서 1년 동안 전사한 한국군 전사자 수와 비슷한 수준이다. 더구나 교통사고로 인한 부상자의 수가 연간 37만 명에 달하고 있으며 식물인간이 되거나 척수손상으로 사지마비가 되어 엄청난 고통 속에서 살아가는 교통사고 장애인이 매년 500~1,000명이나 생겨나고 있다. 교통사고 사망 및 부상자의 유자녀 문제는 또 다른 중대한 사회문제로 부각되었다.

왜 승용차 이용이 점점 늘어나고 교통사고율도 OECD 국가 중 최상위권일 정도로 높은 것일까?

도로는 자동차 전용 공간이 아니라 보행자와 자전거 이용자 등 다른 교통수단 이용도 가능하도록 안전이 보장되어야 할 공간이다. 하지만 현실적으로 도로에서 보행자나 자전거 이용자는 승용차에 의해 항상 위협을 받고 있다. 이런 현실에서 사람들은 상대적으로 위협을 덜 느끼는 차량이용을 선호할 수밖에 없다. 이러한 상황에서 승용차는 다시 최상의 선택이 되며, 결국 승용차 이용은 더 늘어나고 안전은 더욱 더 위협받을 수밖에 없다.

더욱 심각한 문제는 우리나라의 교통사고 사망자 비율이 OECD 국가 평균의 2배가 넘을 정도로 안전 수준이 낮을 뿐만 아니라, 보행자와 어린이 사망사고 비율이 특히 높다는 것이다.

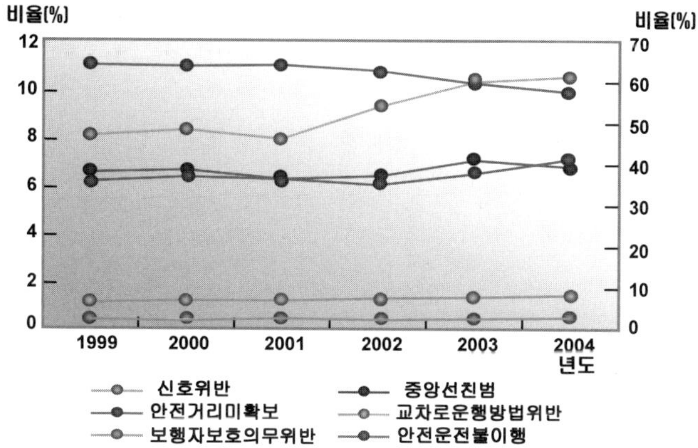


교통사고 원인 분석

많은 학부모들은 그들의 자녀가 걷거나 자전거를 타고 등교하는 것은 위험하다고 생각하고 승용차로 등교시키고 있다. 결국 학교주변, 심지어 학교 내부에까지 승용차가 통행하면 안전을 위한 규정이 만들어져 '보행금지' 구역이 늘어나게 된다. 이렇게 되면서 어린이들은 학교 운동장이나 일부 보도 이외의 공간에서 자유롭게 놀이를 하거나 뛰어다닐 권리를 빼앗기고 있다. 이런 현실은 우리 스스로가 우리의 아이들보다 승용차에게 보다 큰 자유나 권리를 주는 꼴이라고 밖에 볼 수 없다.

승용차를 안전하게 이용하기 위해서는 각종 안전장비 외에도 운전자의 운전기술과 민첩성, 판단력 등이 필요하다. 특히 고속도로와 같이 승용차가 빨리 달릴 수 있게 만들어진 도로일수록 충돌 가능성은 기하급수적으로 증가한다. 왜냐하면 충돌사고의 가장 큰 원인이 속도이기 때문이다. 실제로 충돌사고 증가율은 차량증가 속도보다 더 빠르게 증가하고 있다.

승용차의 기계적 결함은 운전자가 챙겨야 할 일이지만 이를 경험적으로 인식하기 전까지 대부분은 차량의 유지보수에 소홀하다. 특히 정지장치의 정밀점검, 즉 브레이크 검사, 오일교환, 윤활유 부동액, 브레이크액 등의 첨가제 등에 대한 관리를 철저히 하는 운전자는 그리 많지 않다. 반면 열차는 선로와 레일에 의해 장애물 경고안내 장치를 장착하고 장애물이 없는 철로를 이동한다. 또 열차는 신호를 확인하고 즉시 멈춘다. "연료주유 제어장치"는 운전자가 열차를 제어할 수 없을 경우 열차를 멈추게 한다. 열차는 브레이크가 사용되지 않는 한 열리지 않는 도어 안전장치를 가지고 있다.

승용차 의존도가 높아짐에 따라, 일부 고소득계층은 물

론 서민들, 심지어 병자 등 사회적 약자까지 승용차에 의존하기 시작했나. 대안수단인 대중교통 이용이 불편하거나 심지어 불가능한 상태에 이들의 승용차 이용을 막을 근거나 방법은 없다. 그러다 보니 알코올 중독자나 약물중독자 혹은 정신적으로 온전하지 않는 사람들조차 승용차를 이용하고 있다. 이는 사회적으로 큰 문제가 될 수도 있다.

승용차는 우리사회 모든 구성원의 공간인 도로를 이용한다. 이론상 모든 사람들이 도로라는 공산을 이용할 수 있는 동일한 권리를 가지고 있다. 하지만 도로에서 사고가 나면 보행자는 물론이고 다른 승용차 탑승자마저 안전하다고 보장하기 어렵다. 이렇듯 도로는 매우 위험한 공간으로 전락해 있다. 게다가 보행자는 상대적으로 더욱 큰 위험이 있음에도 불구하고 도로교통법 등에 명기된 책임은 운전자나 보행자에게 동일한 수준으로 적용되고 있다는 것은 아이러니라고 밖에 표현할 수 없다.

승용차로 인한 사고가 발생하면 모든 도덕적, 재정적 책임은 운전자의 몫이나. 그러나 사고로 인해 보행자가 죽거나 다쳤다 하더라도 운전자의 과실이 없는 것으로 들어나면 그 운전자는 책임을 지지 않아도 된다. 보행자나 자전거 이용자는 보행이나 자전거를 선택했기 때문에 자기의 잘못이 없는데도 죽거나 다치는 경우가 많다. 따라서 승용차 운전자는 타인에게 위험을 주는 것만으로도 일정부분 책임을 물어야 한다.

더구나 승용차에 대한 의존이 심한 사회일수록 난폭한 운전자의 비율은 더욱 높기 때문에 사고 가능성은 더욱 높게 된다. 도로에는 성급한 운전자, 미숙한 운전자 혹은 불안정한 운전자들이 동시에 존재하기 때문에 나만 안전하게 운전한다 하여도 완벽한 안전을 보장받기는 어렵다. 예를 들어 부주의한 운전자는 권총을 들고 다니는 사람과 같이 매우 커다란 위험요인이 되고 있다.

도로를 이용하면서 만족을 느끼는 정도는 어떤 교통수단을 선택하였는가에 따라 다르게 나타난다. 다시 말해 보행자나 자전거 이용자는 도로이용에 많이 주의하며 이용하지만 승용차 운전자들은 큰 주의 없이 최대의 만족을 느끼며 이용하고 있다. 물론 보행자나 자전거 이용자의 안전을 위해 법률이 만들어져 있다. 하지만 이런 규정들이 종종 보행자나 자전거 이용자를 규제대상으로 함으로써 '불량배들로부터 시민을 보호하기 위해 시민들을 교도소에 가두는'

식의 결과로 이어지기도 한다.

승용차가 갖는 '익명성'과 즉시 장소를 빠져나갈 수 있다는 점 때문에 승용차는 종종 범죄도구로도 이용된다. 1960년대 독일의 통계에 따르면 승용차 소유와 범죄 발생 사이에는 일종의 상관관계가 있음을 보여주고 있다. 미국의 경우, 도심 고속도로로 쉽게 빠져나갈 수 있는 곳에 거주하는 사람들은 강도를 만날 가능성이 큰 것으로 나타나 있다. 그래서 많은 사람들이 좀 더 안전한 곳으로 거주지를 옮기고 있다. 막다른 곳에 위치한 주택에서 사는 것이 보다 큰 안전을 보장받고 있다고 생각하여 출구 형태가 있는 마을이나 교통이 절제된 지역이 최근 주거지역으로 각광받고 있다. 이와 같은 마을형태를 갖는 도시들은 주택에서 가까운 곳에 편의시설이나 상점, 학교, 의료시설 등을 함께 계획하고 있다. 그럼으로써 도시를 승용차를 소유하거나 운행해야 할 필요가 적은 도시로 바꾸려는 시도를 하고 있다. 이런 도시들에서 시민들은 더욱 안전하게 살 수 있다고 느끼고 있다. 만일 현대 도시정책 목표 중의 하나가 사람들이 느끼는 안전감이라면 승용차를 많이 이용하게 하는 것은 현대 도시정책과도 어울리지 않는다 우리는 언제쯤 OECD 국가 중 교통사고 최상위권이란 불명예에서 벗어날 수 있을까?

# 7장 도로와 철도의 역사

## 도로와 자동차의 발달

길은 인류의 역사와 함께 만들어지기 시작하였으므로 약 400만년의 역사를 가지고 있다. 인류가 먹고 살기 위하여 나무열매 등을 채집하거나 짐승을 잡기 위해 쫓아다니면서, 주로 자주 다니는 곳에 자연히 길이 생기게 되었을 것이다. 이후 사람들이 집단거주를 하면서 지역 사이에 영역이 그어지고 이에 따라 집단 간에 영역의 확장을 위한 쟁탈이나 교류가 시작되면서부터 지금과 같은 기능을 갖는 길이 필요해졌다. 결국 길은 집단화된 마을 간의 통로나 물자의 교류 혹은 영역 쟁탈을 위한 정복과 영역 보존을 위한 통치 등의 목적에 따라 점진적으로 발달하였다.

길에 대한 옛 사례로, 아시아와 유럽인들이 왕래하고 물자를 교류했던 비단길(Silk Road)이 있고, 전쟁과 정복으로 통치권을 확장하기 위해 페르시아의 다리우스 1세가 만든 왕의 도로(Royal Road)가 있으며, '모든 길은 로마로 통한다'라는 로마제국의 로마 도로(Roman Road)가 있다. 우리나라도 삼국시대부터 국가가 길을 만들거나 개량하고 보수하는 등 길에 대한 관리업무를 하였고 조선시대에는 이를 노선별·등급별로 구분하여 체계적으로 관리한 것으로 기록되어 있다.

그러나 도로로서의 길의 기능이 정립된 것은 19세기말 신작로라는 자갈포장도로가 생기면서부터일 것이다. 왜냐하면 신작로 이전의 길은 최대한 자연지형을 활용하여 겨우 사람이나 수레가 다닐 수 있는 정도의 길로서 꼬불꼬불하고 경사도 심하였지만, 신작로는 굴곡진 부분은 많이 펴고 경사는 완만하게 고쳤으며 도로 표면에는 자갈과 모래를 깔아 평평하게 개선함으로써 제법 길다운 길로 만들어졌기 때문이다.

이 시점부터 우리나라에서 도로는 국가의 관리대상이 되

었다. 1945년 8·15 해방 직후 우리나라 도로 길이는 약 25,500km였고, 이중 포장이 된 도로는 불과 1,070km 정도였다. 이들 도로는 8·15 이후 크게 변화된 것이 없는 가운데 1950년 한국전쟁이 일어나면서부터 철도와 더불어 전쟁이 끝날 무렵에는 형체는 있으나 그 기능은 거의 발휘할 수 없을 정도로 만신창이가 되어 있었다.

전쟁으로 파괴된 철도와 도로는 미국을 비롯한 국제기구의 원조계획에 따라 1954년부터 1962년 사이에 본격적인 복구가 이루어져 대부분 한국전쟁 이전의 모습을 되찾을 수 있었다. 그러나 도로의 성능은 원상복구가 되지 못하였으며 휴전 협정이 조인된 1953년의 도로 전체길이는 26,130km로 다소 늘어났으나 이중 포장도로는 610km로 전쟁이전보다 약 460km가 줄어들었다.

도로건설이 본격적으로 추진되었던 시기는 1962년부터 시작된 경제개발5개년 계획(1차~7차 : 1962년~1996년까지)과 1972년부터 지금도 진행 중인 국토종합개발계획(1차~4차 : 1972년~2020년까지)으로 볼 수 있다. 이때부터 도로건설이 국토종합개발계획의 주요사업으로 추진되었다. 뿐만 아니라, 도로건설을 재정적으로 지원할 수 있도록 아시아개발은행(ADB) 및 국제부흥개발은행(IBRD)의 차관 자금을 사용하게 되었다. 결국 제7차 경제사회발전 5개년 계획이 끝난 1996년의 도로 총길이는 약 82,300km로서 1953년에 비하여 3배 이상으로 늘었고 고속도로도 약 1,900km가 새로 건설되었다. 2007년 말 현재 전국의 도로는 약 103,000km로 1945년보다 4배로 늘었고 도로포장은 80,660km로 75배로 늘었으며 고속도로는 약 3,427km가 새로 건설되어 이제 전 국토에 거미줄 같은 도로망이 형성되어 있다.

자동차가 우리나라에 처음 들어온 것은 1903년 황실의 전용차였다. 1903년 이후 도로가 늘어남에 따라 자동차 수도 1945년에 약 7,400여대였던 것이 1950년 한국전쟁을 치루면서 1만대를 넘었고 1969년에는 10만대, 1985년에는 100만대, 1997년에는 1,000만대를 돌파하였다. 2007년 말 우리나라의 자동차는 1,640만대로 세대당 평균 1대의 자동차를 보유하고 있다.

## 철도의 어제와 오늘

자동차나 철도가 생기기 전에는 수레나 마차가 흙으로 된 도로면으로 다닐 경우 노면이 평탄하지 않고 패이거나 비가 올 때 바퀴가 빠져 많은 어려움이 있었다. 또한 노면을 보수하는 데도 많은 힘이 들 뿐 아니라 쉽게 망가지는 불편이 따랐다. 이 불편을 피하는 방법으로 16세기경 수레바퀴가 다니는 노면에다 나무판자를 깔았었다고 한다. 그 후 여러 가지 불편한 점을 보완하여 오늘날의 철제 레일과 비슷한 모양의 목제 레일 위에 말이나 사람이 끄는 석탄차를 운행하기 시작했다. 1767년에는 영국인(Raynoldo)이 철제 레일을 고안하여 이때부터 수레나 마차를 끄는 철제 레일이 사용되었다.

이러한 원시적인 철도는 1765년에 증기기관이 발명되고 이를 차량의 동력으로 활용하려 했으나 실패를 거듭했다. 그러던 중 1814년 영국인 스티븐슨이 증기기관차 제작에 성공하여 1825년 9월 27일 스톡턴(Stockton)－달링턴(Darlington) 구간 40km의 철도를 부설하고, 사람과 석탄을 싣고 차량 35량을 시속 16km로 운행한 것이 처음으로 생긴 철도이다. 여객과 화물을 본격적으로 수송하기 시작한 것은 1830년 9월 15일 리버풀(Liverpool) – 맨체스터(Manchester) 구간 50km의 철도가 처음이며 이때 스티븐슨 부자가 제작한 로켓(Roket)호 기관차는 최고시속 46km로 운행되었다.

우리나라에서는 1877년 2월 수신사 김기수가 일본에서 처음 철도를 시승한 후 돌아와 철도가 알려지기 시작했다. 그 후 1889년에는 미국주재 한국대리공사 이하영이 귀국하면서 상세한 철도 모형도를 가져와 황실과 대신들에게 관람시키면서 철도의 필요성을 설명하였다.

1895년 미국을 비롯하여 영국, 러시아, 일본 등이 철도부설을 우리나라에 제의하였고, 1896년 3월 29일 미국의 제임스 모르스에게 부설권이 허가되어 1897년 3월 29일 기공식까지 거행하였다. 그러나 자금이 부족하여 철도부설권이 1898년 5월 10일 일본에 양도되어 노량진~제물포간 33.2km의 경인선이 1899년 9월 18일 개통되었다. 이 당시 기관차 4대와 객차 6량, 화차 28량, 정거장 7개소를 가지고 1일 4회 영업을 하였는데 이는 영국에서 1825년에 철도가 생긴지 74년 후가 된다. 경인선이 부설된 이후 1945년 8월 15일 까지 우리나라의 철도는 일본에 의하여 건설되었다.

8.15 해방당시 철도현황은 다음과 같다.

| 구 분 | 영업키로 | 역 수 | 기관차수 | 차 량 수 | 종사원수 |
|---|---|---|---|---|---|
| 전 체 | 6,362km | 762개소 | 1,166대 | 34,758량 | 100,572명 |
| 남한측 | 2,642km | 300개소 | 488대 | 9,733량 | 55,960명 |

8 · 15 해방이후 철도건설은, 1948년 정부수립 이후 마련된 국가산업부흥 계획에 따라 1949년 영암선(영주~철암 86.4km)과 함백선(제천~함백 38.1km)을 착공함으로써 재개되었다. 그러나 전쟁으로 영암선은 영주~내성 구간 14km, 함백선은 제천~송학 구간 9.8km를 개통하고 중단되었다. 1950년 한국전쟁 이후의 철도건설은 전쟁 전에 착공했던 영암 · 함백선을 다시 착공하고 문경선(점촌~가은 22.8km)을 착공하고자 했다. 당시 전쟁으로 초토화 된 철도시설을 복구하는 것이 무엇보다도 급한 일이었지만, 전쟁 수행에 필요한 병참선 기능의 신규 철도건설이 1951년 하반기부터 지속적으로 진행되었다.

결국 전쟁으로 중단되었던 함백선 건설은 1952년 10월에 다시 시작되고 영암선은 1953년 9월에 시작하였으며 새로운 철도건설 사업인 문경선은 1953년 1월에 착공되는 등 전재 복구와 병행하여 새로운 철도건설이 이루어졌다. 당시 전재 복구 및 신규 철도건설에 필요한 건설비는 대부분 국제기구 등의 원조자금으로 충당되었다.

철도의 수송능력 증강과 산업개발을 목표로 철도건설이 본격화 된 시기는 1960년대 초 경제개발5개년 계획기간이었다. 당시 석탄과 시멘트 등 산업개발에 따른 물자수송을 위한 산업철도건설이 우선 추진되었다. 그러나 1970년 경부고속도로가 개통되고 1970년 이후 마이카 붐(My-Car Boom)과 더불어 급속히 증가되는 승용차에 밀려 철도는 교통정책에서 소외되기 시작한다. 물론 1970년대 산업철도의 신설과 더불어 기존 철도의 수송 능력을 증강하기 위한 기존선의 복선화와 개량 등 철도 건설이 있었다. 서울 등 수도권 대중교통의 혼잡을 해결하을 위한 전철화 사업이 추진되고 신도시 건설에 따른 교통대책의 하나로서 전동차를 운행할 수 있게 기존 철도를 개량하거나, 신도시와 연결하는 새로운 철도건설이 있었으나 도로건설과 비교하면 지극히 미미한 수준이었다.

1945년 해방 이후 우리나라의 철도는 외형적으로 연장이 2,642km에서 757km가 늘어나 전체 69개 노선에 3,399km로 되었고 정거장 수도 300개소에서 338개소가 늘어난 638개소로 되었다. 1961년과 비교할 때 2003년의 수송 분담비율은 여객이 53%에서 7.3%로 화물은 88.2%에서 6.2%로 대폭 감소되었다. 2003년 말 현재 수송실적은 여객이 1억 1,100만 명, 화물이 45백만 톤 수준이다.

## 철도 이용 감소의 원인

수도권 대도시 전철이나 서울~부산 등 장거리 여행자 일부를 제외하고 철도 이용을 생각하는 사람은 그리 많지 않다. 승용차나 고속버스 또는 시외버스 등 자동차를 우선 생각하고 장거리 경우 비행기를 생각하고 있다는 것이다. 물론 고속열차가 운행된 후 제주를 제외하고는 고속열차 운행 이전 보다 철도 이용자가 늘어난 것은 사실이다. 화물의 경우도 비슷한 실정이다. 철도로 화물을 수송할 수 있는 철도 전용시설이 있거나 화물 특성상 철도수송이 불가피한 경우를 제외하고 대부분이 자동차에 의한 도로수송이다. 결국은 여객이나 화물의 약 90% 이상이 도로를 이용하고 있다.

그 이유는 자동차 이용이 철도이용에 비해 쉽고 편하기 때문이다. 그렇다면 철도이용이 쉽지 않고 편하지 않은 이유는 무엇일까? 먼저 철도는 연결되지 않는 지역이 많기 때문에 철도로 갈 수 있는 곳이 제한적이다. 즉 철도망이 부족하여 기차를 타고 가고 싶은 곳까지 갈 수 없다는 것이다. 실제 철도의 길이는 1945년 2,642km이였던 것이 2004년 고속철도가 개통하면서 3,374km가 되었다. 지난 60년간 철도 연장은 겨우 732km 늘어났을 뿐이다. 반면, 자동차가 이용하는 도로는 1945년 25,549km에서 2005년 102,293km로 4배로 늘었고, 고속도로는 3,368km가 새로 건설되었다. 철도 전체 길이가 도로 전체 길이의 3% 수준에 불과하니, 철도 여행은 불편할 수밖에 없다.

철도를 이용하기 위해서는 역에 가야만 하는 불편도 있다. 물론 고속버스나 장거리 버스도 마찬가지이지만, 버스터미널은 여러 개가 있어 덜 불편하다고 생각하며, 승용차는 바로 출발할 수 있다는 장점이 있다. 게다가 열차는 출발시간이 정해져 있고 시간간격도 넓어 여러모로 번거롭게 느끼는 것 같다. 화물수송의 경우도 항구 등 특수한 경우를 제외하고는 출발과 도착 장소인 철도역까지 화물을 가져가거나, 가져와야 하기 때문에 시간과 비용이 늘어나고 불편이 따른다. 즉, 문전 수송이 안 되고 환승 등 연계 교통수단을 이용해야만 하는 것이 철도교통의 약점인 것이다.

2004년 경부선과 호남선에 고속열차가 운행되면서 서울을 출발하여 부산이나 목포를 3시간이내에 도착하게 되면서 철도이용이 증가하기 시작했다. 2004년 개통 당시 1일 평균 이용승객이 7만 2천명이었으나, 2005년에는 1일 평균 8만 9천명으로 연간 약 24%가 증가하였고 2006년 12월에는 10만 명을 넘어섰다.

교통이용자는 빠른 교통수단을 선호하게 되어 있다. 그러나 아직도 대부분의 일반철도는 속도향상이 이루어 지지 않아 속도를 내지 못하고 있다. 정부는 앞으로 건설하는 일반철도의 최고시속을 200km 수준으로 맞추는 것을 목표로 정하였다. 그렇게 되면 철도 이용객이 많이 늘어날 것이다.

철도이용을 늘리기 위해서는 무엇보다도 철도가 매력적

인 교통수단으로 거듭나야 한다. 운행속도 향상, 네트워크 확장, 접근성 개선, 환승 및 연계수송 편의 제공, 운행시격 축소 등이 해결된다면 철도이용의 매력은 충분히 높아질 것이다. 철도는 최근 많이 달라졌고 내부적으로도 변화하기 위해 많은 노력을 하고 있으나 이용자들에게까지 변화가 감지되고 있는지는 의문이다. 그렇지 못하다면 그 이유는 아마도 철도가 오랜 기간 정부가 직접 관리·운영함으로써 아직까지도 다소 관료적인 전통과 습성을 완전히 버리지 못했기 때문일 것이다. 이용자 입장에서 생각하고 불편한 점을 해결해 주려는 노력을 통해서도 철도이용은 지금보다 더욱 증가할 수 있을 것이다.

# 8장 근대화 과정의 철도

## 철도 교통 정책의 주인은 누구인가?

철도가 정부의 교통정책으로 건실하게 관리·운영되어 왔는가에 대해서는 부정적인 의견이 많다. 대한민국정부가 들어선 이후부터 '국가산업부흥계획'이나 '경제사회발전5개년계획' 등 국가계획 아래 철도가 있었던 것은 사실이다. 그러나 국토정책이라는 큰 틀에서 철도와 도로를 함께 고려하는 장기종합교통계획에 따라, 체계적으로 철도망을 계획하고 운영하였다고 하기는 어렵다.

철도나 도로는 기능과 특성에 따라 교통망이 짜이고 이를 토대로 하여 노선이 건설되어야 한다. 하지만 과거 철도는 철도 입장에서 새로운 노선을 계획하고, 기존 철도를 개량했으며, 도로는 도로대로 새로운 도로를 건설하고 기존 도로를 확장·개량하는 등 철도와 도로가 경쟁적으로 자기 시설만을 확충해 왔다.

철도는 우선 태생적으로 중앙정부 정책의 직접 영향권에 있지 못했다. 철도청이 1963년 교통부의 외청(外廳)으로 분리되었고, 이 시기에 시작된 경제사회발전5개년계획 속에 철도망 확충 등 철도의 장기발전계획을 제대로 반영하지 못했다. 게다가 철도청 업무를 관리 감독하는 교통부가 교통정책의 주무 부처였으나 철도, 항공, 해운 부분에서만 주도권을 행사했을 뿐 도로는 건설부 소관이었다. 따라서 국토개발계획의 중점과제인 사회기반시설 확충계획을 수립하는 과정에서 철도와 도로 등 교통수단간 균형적인 기능 배분을 바탕으로 한 사회기반시설 확충계획을 마련하는 데는 실패하였다.

더구나 당시 건설부는 국토개발계획을 바탕으로 연계된 교통시설을 마련하였기 때문에 계획의 속성상 국토개발과 사회기반시설인 도로 등 교통시설을 따로따로 계획 하겠다는 논리는 설득력이 없었다. 이에 따라 교통부는 굿이나 보고 떡이나 먹는 구경꾼으로 밀릴 수밖에 없었다. 이러한 정책 흐름은 1994년 12월 건설부와 교통부가 합쳐져 건설교통부가 된 이후에도 크게 달라지지 않았다.

결국 철도청은 철도교통정책의 핵심에 있었다. 하지만 철도청은 철도의 운영과 관리에 주력하였고 장기교통계획과 연계시켜 철도망을 확충하고자 하는 시도는 매우 제한적으로만 수행하였다. 다시 말해 철도청은 이미 확보된 철도망을 중심으로 하여 여객 및 화물 수송과 시실의 유지관리 등 철도 운영만을 주요 업무로 인식했다는 것이다. 그러므로 미래지향적 철도정책에 대한 업무는 정부 정책 지원 정도로 인식하여 철도청 조직 내 과(課) 단위에서 전담하였다.

## 기차표를 팔아 철도 건설을 할 수 있는가?

철도는 철도청이 기반시설 건설비를 확보하여 건설한 후 차량과 장비를 구입하여 운영하여 왔다. 이용자는 요금을 지불하고 이 요금은 철도청의 기반시설에 대한 건설과 유지관리 및 운영 등의 업무수행에 사용되었다. 그러므로 운영상 필요한 건설비용을 철도청이 부담하여 건설하는 체계였기 때문에 일부 국고에 의한 재정 지원이 있었으나 대부분의 경우 차표를 판 수익금으로 철도가 건설되었다. 게다가 일부 정부가 계획한 건설사업의 경우에도 철도 수입금을 활용하였다. 반면 도로, 공항, 항만의 경우 정부가 기반시설 투자뿐만 아니라, 시설의 유지관리 비용까지 부담해왔기 때문에 철도의 경쟁력은 상대적으로 낮아질 수밖에 없었다. 물론 몇 차례에 걸쳐 철도의 고질적인 부채를 탕감해주었기 때문에 건설비 일부를 부담한 것으로 볼 수 있다. 그러나 이러한 상황이 계속되면서 철도는 경영개선을 통한 재정자립이 불가능했다.

철도청 재정에 큰 부담이던 철도 건설비를 중앙정부가 부담하기 시작한 것은 1994년부터이다. 이는 당시 철도청장이 철도 상황을 종합적으로 검토한 후 철도 건설비를 중앙정부가 부담하여 재정사업으로 추진하도록 건의하여 관철시킨 결과였다. 이에 따라 철도청 재정을 일부 개선하기도 했으나 성과가 구체적으로 나타나지는 않았다.

## 시류에 민감한 철도건설

오래전 우리나라를 대표할 만한 기업인이 청문회에서 불편한 질문에 '시류에 따라 처신했다'고 답한 적이 있다. 철도건설은 많은 비용이 필요하기 때문에 당연히 시대 상황에 맞게 계획되고 추진되는 것이 마땅하다. 그러나 국가의 장래를 내다보고 장기적인 목표 아래 계획을 세워야 한다. 당시의 상황에 맞게 투자규모나 시행시기의 완급을 어느 정도 조절할 수 있으나 밑그림 하나 없이 철도건설의 방향이 변한다면 장기적으로 긍정적인 효과를 기대할 수 없을 것이다.

철도청은 정부의 종합개발계획에 참여하지 못하고 교통부도 제대로 역할을 하지 못하였기 때문에 철도건설 계획은 제3자인 개발계획을 주관하는 측에서만 논의되고, 결정되었다. 즉 철도청이 능동적으로 제안하여 계획을 만드는 과정이 생략되었다는 것이다. 그러다 보니 철도건설 계획이 미래를 내다보는 종합교통계획이나 교통수단간의 기능배분, 철도의 역할 또는 향후 철도망의 형태나 발전 방향을 함께 고려할 수가 없었다. 결과적으로 철도건설은 특정

개발사업의 지원시설로, 주관사업 시행부처의 판단에 따라 계획 없이 추진되었다. 특히 대상지역 출신의 정치인이나 유명인사, 지역기관장 등 여론을 주도하는 사람들의 성향이나 이해관계에 따라 이리저리 흔들리곤 했다.

당시의 그런 분위기나 풍토가 정책능력과 권한이 없는 철도로 하여금 스스로가 자기의 장래를 내다보는 계획을 마련할 수 없게 하였고, 만약 계획을 하더라도 실행이 보장되지 않다보니 철도 이외의 다른 계획에서 정해지는 것들을 받기만 하였다.

## 도시개발과 철도

어느 때인가부터 도시개발을 하는 경우 철도는 애물단지가 되어버렸다. 이유는 대부분의 철도시설이 너무 낡아 흉물스러워져 주변지역이 항상 지저분하여 도시미관상 좋지 않았기 때문이다. 게다가 철도청은 자기 시설만 가꾸었고 주변 토지나 건물 소유자는 이런 것을 가꾸어야 한다는 생각이 없었으며, 지자체 역시 관심도 없을 뿐만 아니라 예산 등 여력도 없었다. 또한 재개발 등 도시정비계획을 하면서 철도연변 지역은 별 실속이 없다고 판단하여 가능하면 도시정비계획에서 철도시설을 제외시키려고 했다. 철도연변의 정비가 너무 부실하여 대통령이 직접 교통·내무부장관과 철도청장, 관할지역 도지사, 시장·군수를 전용열차에 태우고 경부선 철도연변을 돌아보면서 구간별로 현황을 보고받고 구체적인 정비 방향을 지시했을 정도였다. 이후 철도청은 철도연변에 반투명의 플라스틱 차단벽을 쳤고 지자체는 쓰레기를 치우고 불량가옥은 페인트를 다시 칠하거나 개수하는 등 철도연변의 미관 가꾸기가 이루어지기도 했다.

철도연변은 대부분 계획적으로 관리되지 못하여 도시가 팽창되면 많은 영세 도시민이 집을 지어 주거지로 사용하기도 하였다. 이런 주거지가 긴 세월에 걸쳐 집단화되기도 했으나 지자체를 비롯한 어느 누구도 많은 비용과 집단민원 때문에 이를 정비하려고 노력하지 않았다. 이들 주거지는 환경이 나쁘고 통행에도 불편을 겪기 때문에 집이나 땅값이 싸고 상승률도 떨어져 부동산으로서의 가치가 떨어진다. 이는 개발사업의 전제조건인 사업성이 낮아지는 원인이 되어 재개발 등 정비 사업에서 기피대상이 되었다.

이와 같이 기존 도시의 철도연변은 환경이 열악하고 개발성도 취약하다는 이유로 대부분 도시 재개발에서 철도 이설을 제안하였다. 기존 철도의 시가지 외곽 이설 요구에 종종 정치인을 비롯한 영향력이 있는 인사가 다양하게 동원되기도 하였다. 최근 시민단체 등이 철도가 도시나 주거 환경에 피해가 있다고 하여 동참하는 경우도 있었다. 그러나 도시개발이란 명분아래 많은 비용을 들여 철도를 시(市) 외곽으로 보내, 도시계획의 목적이 달성될 수는 있었으나, 철도청은 이설비를 부담하면서도 철도 수입이 감소되어 이중으로 피해를 입었다.

# 9장 환 경

## 대기오염

승용차 등 도로를 이용한 수송부문이 우리나라 총에너지의 20% 이상을 소비하고 있다. 게다가 승용차에 의한 대기오염 기여도는 서울에서 80% 이상이며 수도권 전체에서는 70%이상이므로 승용차를 수도권 대기오염의 주범이라 해도 지나친 말이 아니다.

매연에 의한 대기오염 이외에도 승용차에 의한 환경오염은 다양하다. 승용차가 발생시키는 이산화탄소는 지구온난화의 원인이 되며, 아황산가스는 산성비를 내리게 하고 에어컨에 사용되는 프레온 가스 등은 오존층을 파괴하는 원인물질이기도 하다. 교통정체와 도로건설 등에 따른 자연 환경 파괴와 서식지의 교란으로 인한 생태계의 파괴는 모두 도로중심 정책이 낳은 결과물이다.

승용차의 타이어는 매년 대당 2kg씩 마모되어 입자상태의 미세먼지로 공기 중에 떠돌다 호흡기를 통해 체내로 들어가게 된다. 무거운 트럭이나 버스가 만들어내는 타이어 마모에 의한 미세먼지는 더욱 심각하다. 이 조그만 먼지(PM10)는 대기에 흩날리다 호흡을 통해 인체에 흡입되고 더 큰 입자들은 빠르게 지표에 떨어진다. 그러나 승용차가 통과하면서 일으키는 바람은 이들 먼지들을 다시 흩날리게 되어 비산먼지를 일으킨다.

승용차에 의한 대기오염

## 유해물질

브레이크와 클러치 내에서 금속간의 접촉을 막아주는 열저항 패드가 브레이크와 클러치 사이에 놓여있다. 열저항 패드로는 주로 석면이 사용되는데 석면은 발암성 물질로 판명되어 이미 학교나 사무실에서 건설재료로서의 사용이 금지되어 있다. 승용차에 사용될 경우, 석면은 건물의 벽면 내부에 사용되는 경우보다도 더욱 위험하다. 석면은 광석이지만 문질러 닳아지게 되면 먼지처럼 가벼워지면서 멀리 퍼져나간다. 최근에는 대체되었지만 석면 대체물질 역시 먼지로 변환되고 있다. 이제 새로운 물질의 개발을 통해 위험요인을 더욱 감소시켜야 한다.

## 수질오염 및 홍수

콘크리트와 아스팔트 포장은 또 다른 문제의 중심에 있다. 빗물이 흙을 통과하면서 삼투압 작용을 거치고 지표수와 합류하게 되지만 아스팔트나 시멘트로 포장된 도로는 이러한 자연적 현상을 막고 있다. 포장된 도로에서는 빗물이 자연하천에 모이지 않고 우기 때에 발생하는 많은 빗물은 급작스런 침식과 홍수의 원인이 되고 있다. 갑자기 발생되는 지표수인 빗물은 강이나 바다에 도달하기 전까지 도로를 따라 흐르게 된다. 이 지표수가 흐르면서 도로위에 방치된 각종 오염물질을 강으로 유입시킴으로써 강이나 하천이 오염될 수도 있다.

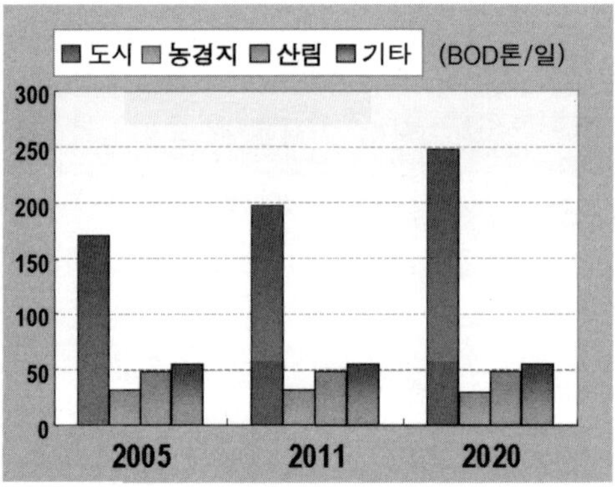


비점오염원 발생 전망

### 폐기물 발생

자동차는 대략 금속, 유리, 고무, 플라스틱 등으로 구성되고 차량의 평균수명은 7년에서 10년정도이다. 우리나라에서 매년 50만대 가량이 폐기되고 여기서 발생하는 폐잔재물은 10만 톤이 넘는다. 이는 60만 명의 도시민이 버리는 쓰레기의 양과 맞먹는데, 폐자동차에서 나오는 폐잔재물은 납이나 수은과 같은 중금속 성분의 함량이 매우 높다. 이 밖에도 승용차 냉각장치에 사용되는 냉매인 프레온가스도 다량 발생하고 있는데, 이는 지구온난화에 치명적인 것으로 알려져 있다.

### 사회 · 생태적 스트레스

승용차는 운행시 굉장히 시끄럽다. 내연기관에서 나오는 소리와 타이어가 포장도로에서 마찰하는 소리, 경적소리 등이 모두 더해지면 사회적 스트레스는 쌓여만 간다. 비교적 조용한 시골에서도 승용차는 많은 생명을 위협하고 있다. 산을 이리저리 가로지르는 도로에서의 차량은 야생동물의 생존을 위협하는 존재이다. 결국 승용차는 도시에서 인간에게 사회적 스트레스를 자극하고 농어산촌에서는 생태계를 파괴하는 등 우리 인간과 자연의 생명을 위협하고 있다.

## 생태계 파괴

도로를 통과하다 죽어가는 동물의 숫자는 이제 막 조사를 시작하는 단계인데 전국의 국도와 지방도로에서 자동차와 부딪쳐 죽은 야생동물들은 족제비, 너구리, 청설모, 까치와 꿩, 멧비둘기, 황소개구리, 유혈목이(뱀)와 능구렁이 등이다. 도로에서 야생동물이 자동차에 부딪쳐 죽는 현상을 도로 치사(致死) 또는 '로드킬(Road kill)'이라고 한다.

## 토양, 지하수 오염

승용차 연료의 생산, 유통 및 저장과정에서 다시 우리의 환경은 크게 손상될 위험에 놓인다. 정유공장은 주변에 심각한 악취, 독성가스 및 연기를 내뿜어 농산물과 가축 심지어 주민의 건강을 직접 위협하는 오염원이다. 게다가 정유공장의 원유저장탱크로부터 누출되는 각종 연료와 주유소 저장탱크의 부식으로 인한 연료누수는 토양과 지하수를 더럽히고 있다. 이를 복원하기 위해서는 천문학적 재원이 필요하다. 휘발유는 트럭을 통해 지정된 장소까지 이송된다. 이들 트럭 역시 운송과정에서 매연과 타이어에서 오염을 발생시킨다. 휘발유 탱크로리 차량과 관련된 사고는 화재 등 대형 참사의 원인이 되고 있다. 2005년 전국적으로 13,500여개 소의 민간 주유소와 400여개의 대규모 산업시설에서 지하유류저장탱크기름이 유출되는 것으로 밝혀졌다. 여기서 유출된 유류들은 대수층으로 스며들어 토양과 지하수를 오염시킬 위험이 있는 것으로 추정되고 있다.

# 10장 정치 및 사회적 효과

대부분의 사람들이 의식주가 해결이 되고 나면, 사회적으로 신분의 위상을 높이는 데 신경을 쓰게 된다. 자동차 산업도 사회의 이러한 경향을 십분 잘 이용하고 있는 것 같다. 상위 계층만을 위한 승용차라는 광고 문구는 바로 그러한 판매 전략의 하나인 것이다. 이와 같은 자기과시 욕구는 때로 비합리적인 선택의 원인이 되기도 한다. 월세에 살면서도 승용차만은 대형세단으로 구입하는 것은 하나의 사례가 될 수 있을 것이다.

승용차를 단순히 교통수단이라고 칭하면 주위 사람들에게서 눈초리를 받기 십상이다. 외국에 비해 우리나라에는 소형차보다 중·대형차의 비율이 매우 높다. 기름 한 방울 나지 않는 나라에서 대형차 비율이 지나치게 높은 것을 어떻게 해석해야 할까? 이러한 선택은 어디에서 영향을 받았으며, 또한 우리사회에 어떠한 영향을 가져올까?

주변에 경차를 타고 다니는 대학교수가 한 사람이 있다. 그는 아침마다 출근길이 매우 송구하다고 한다. 학교의 수위들이 교직원 스티커가 붙은 경차를 보고 인사를 할 것이지 말 것인지 결정을 못해 우물쭈물하는 것을 보고 오히려 자기가 민망하다고 한다. 경차가 아닌 차에 대해서는 자신있게 손이 올라가는데 정부기관이나 일반기업체를 방문해도 경차를 보고는 매우 가볍게 대한다고 한다. 톨게이트에서는 할인요금으로 처리를 해 주지 않는 경우가 많아 신경을 써야 한다고 한다. 반면 지긋한 나이에 경차를 타고 다닐 수 있는 '용기'에 존경을 표시하는 사람들도 많이 보았다고 한다. 만일 승용차가 이동의 수단으로만 사용되면 이러한 경향들은 발생하지 않을 것이다.

고가의 대형차를 구매하는 것은 어떠한 이유에서 일까? 물론 안락하고 사고가 나더라도 안전할 수 있다는 믿음 때문일 것이다. 그러나 우리 사회 풍조를 관찰하다 보면 가격이 높을수록 더 잘 팔리는 현상을 자주 본다. 혹시 주변에 사업하시는 분들이 무리해서라도 고가의 차량을 구매하려고 하는 것을 본 적이 없는가? 사회적인 지위와 성공의 표상으로서 고가의 대형차를 구매하려는 의도는 없는가? 이런 여러 문제들을 남을 의식하지 말고 현실적으로 경제성 문제도 고려하여 판단하여야 할 것이다.

개인의 소비행태에 대해서 왈가왈부하기가 어렵고 제재할 수도 없겠으나 대형 승용차의 구매는 크게 두 가지 점에서 사회적 이익과 부합하지 않는다. 먼저 대형차량들은 많은 유류를 소비하고 도로나 주차장에서 많은 공간을 차지하기 때문에 사회적으로 바람직하지 않다. 또한 차량을 구입하기 위해서 지불한 많은 비용은 더 생산적인 용도의 사용에서 제외 될 수도 있기 때문에 이 또한 사회적인 측면에서 유익하다고 보기 어렵다. 유류소모가 많다고 하는 것은, 세계적으로 유류가격의 상승을 부추기는 것이다. 또한 대기오염 물질을 대량으로 배출하여 환경오염에도 일조한다는 것을 의미한다.

사회적 지위나 품위를 위해서 대형차를 구매하는 것은 실제로 그렇게 오래가는 투자가 될 수 없다. 멋있는 고가의 차량을 구매하면서 느끼는 만족감은 주위에서 다른 사람들이 동종 차량을 구매하면 희석되므로, 또 다시 우월감을 느끼기 위해서는 또 더 고급의 차량을 구매하지 않을 수 없기 때문이다. 로마나 르네상스시대를 살펴보면 사회 계층별로 소비에 제한을 둔 사례가 있다. 이러한 제한이 철폐됐을 때 평민들이 귀족들의 옷차림이나 소비를 모방하여 범죄가 많이 발생하는 등 당시 사회에 많은 부작용의 원인이 되기도 했다. 현대 사회에서 그러한 제한을 가할 수는 없겠지만, 과거에 그러한 제한을 두었던 것들이 겉치레에 집착하는 허영의 폐단이 과거부터 존재했었다는 것을 뜻하므로 여전히 유효한 경고라고 하겠다. 즉, 사회적 낭비를 가져온다는 것이다.

불요불급한 사업에 제한된 재원을 낭비하는 사회는 사회적 발전에 필요한 자본을 확보하는데 방해가 될 것이다. 따라서 사회발전에 저해요건이 된다는 결론을 얻을 수 있다.

# 11장 에너지 및 지속가능성

## 지속가능한 미래와 에너지

1972년 로마클럽은 '성장의 한계'를 출간하였고 이후 90년대 초 '지구의 위기'라는 책을 출간한다. 이들의 생각을 살펴보면 인간에 의한 자원의 과다이용과 오염물질의 발생은 이미 물리적으로 지속가능한 수준을 넘기고 있기 때문에 에너지 등 자원소비를 감소시키지 않을 경우 향후 미래의 생산 및 소비는 크게 위축된다는 것이다. 그러므로 이들은 에너지 등 고갈 가능한 자원이용의 효율성을 크게 개선하여야 한다고 주장하고 있다. 이는 결과적으로 사회적 균형과 실질적인 삶의 질 향상으로 이어진다고 주장하고 있다.

## ∴ 에너지 소비-지속가능한 자원이용

도로를 이용하는 교통수단은 에너지 소비에서 가장 큰 비중을 차지하고 있다. 더욱이 주목해야 할 것은 에너지 소비를 증대시키는 전방위 산업들의 로비가 막강한 파워를 갖는다는 것이다. 예를 들면 자동차산업이나 도로건설과 유지를 담당하는 건설업체와 정부투자기관 등이 중단 없는 도로확대를 주장하고 있어 에너지 낭비가 조장되고 있다.

우리나라는 원유, LNG 등 에너지의 대부분을 수입에 의존하고 있다. 2007년 에너지 수입규모는 907억 달러로 연간 수입총액 3,567억 달러의 25.4%에 달하며, 2008년에는 유가 급등으로 원유 수입만 하더라도 900억 내지 1,000억 달러가 될 것으로 예상된다. 이런 규모는 우리나라 주력 수출상품인 반도체와 자동차 수출을 합친 것보다 훨씬 크다. 따라서 에너지의 과소비는 크게는 경제, 작게는 무역수지 측면에서 결코 바람직하지 못하다. 중동에서 자주 발생하는 분쟁에 의해 우리경제가 크게 흔들린 것은 어제 오늘의 일이 아니다.

한정된 '석유'라는 화석연료에 경제적 기반을 둔다는 것은 향후 자원의 고갈에 따라 우리 다음세대에게 그들의 필요를 충족시킬 수 없도록 세약하게 하는 결과를 가져올 수도 있다. 이는 우리가 다음세대의 행복권의 일부를 빼앗는 것이라 할 수 있다.

## 온실효과

화석연료의 사용으로 인한 지구의 온난화 현상과 함께 숲의 파괴는 세계인의 관심을 지구전체의 기후변화에 모아지게 만들었다. 온실효과의 영향에 대해 확정적인 예측이 아직 이루어지고 있지 않지만 이미 상당부분 그 심각성이 드러나고 있다. 현재 과학자들 사이에 공통적인 견해는 이산화탄소 등에 의한 지구 온난화의 결과는 지구농경지의 상당부분을 사용할 수 없게 하고 지각의 변동과 생태계의 교란이 상당부분 가시화 될 것이라는 것이다. 구체적인 사례를 든다면, 바다 해수면의 상승에 의해 전세계 항구가 뒤덮일 것이며 해안선의 형태 역시 심각하게 바뀔 수도 있다.

이산화탄소는 지구 온난화의 절반 이상 영향을 주고 있는 것으로 추정되고 있으며 CFC(클로로플루오르카본)와 메탄이 나머지 부분을 구성하고 있는 것으로 추정된다. 자동차를 이용하기 위해 사용하는 화석연료는 대기 중의 산소와 결합하여 시시각각 엄청난 양의 이산화탄소를 배출하고 냉방을 위해 이용되는 CFC 역시 자동차의 확산 등에 의해 그 배출량이 증가하고 있다.

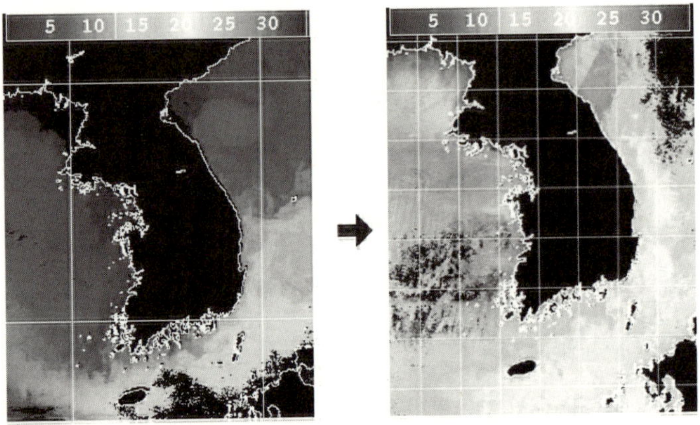


1997년 2월 2005년 2월

지구온난화에 따른 해수온도 상승

우리나라 이산화탄소의 총 배출량은 연간 5억 톤을 넘은 지 오래이며 세계 9위 수준이다. 특히 이산화탄소를 많이 배출하는 업종은 에너지산업, 제조 및 건설업과 함께 수송부문이다. 수송부문 중에서도 도로에서 약 80%의 에너지가 소비된다.

## 지속가능발전과 자동차

'지속가능발전'이란 현세대의 필요를 감당하는 것이 다음 세대에 필요한 자원을 고갈시키지 않는 범위 안에서의 발전을 의미한다. 흔히 지속가능발전을 실현하기 위해서는 경제와 사회 그리고 환경이라는 3개 분야의 균형 잡힌 발전을 이루어야 한다고 알려져 있다. 다시 말해 경제적 풍요와 함께 갈등이 없는 사회시스템이 구축되어야 하며 환경적으로도 파괴가 아닌 보전이 이루어져야 한다는 것이다.

이런 관점에서 현재의 승용차 중심의 교통을 본다면 어떠할까? 먼저 경제적으로 자동차 중심, 도로중심 교통의 현실은 지속가능발전과는 거리가 멀다. 왜냐하면 개인 승용차의 과다한 운행으로 발생하는 교통혼잡비용은 이미 연간23조를 넘어 GDP의 3%를 차지하고 있다. 이 정도 규모이면 매년 경부고속철도를 건설할 수 있다. 이 밖에도 승용차의 과도한 운행은 교통사고 유발에 따른 비용발생과 에너지 수입에 막대한 비용이 필요하다는 점에서 국가재원의 낭비를 가져오고 있다.

사회적 관점에서 승용차 중심, 도로 중심 교통정책은 더욱 많은 문제를 내재하고 있다. 먼저 승용차 이용에 따른 개인주의의 확산을 지적할 수 있다. 승용차 이용에 집착하게 될수록 사람들 사이에 벽이 만들어지기 때문에, 수시로 교류함으로써 서로를 이해할 수 있는 기회가 줄어들고 있다. 특히 요즘처럼 자녀의 수가 하나 또는 둘에 그치는 경우 형제간의 우애를 이해하지 못하는 세대에게 자동차 중심 문화는 상대방에 대한 이해 가능성을 낮추는 데 한 몫을 하고 있다고 본다. 또 승용차가 널리 보급되면서 많은 가정에서 승용차를 보유하도록 사회적인 강요가 계속되고 있다. 승용차가 없는 경우 느끼는 사회적 박탈감은 소득격차에 따른 사회적 갈등을 낳기도 한다.

환경적 관점에서 승용차에 의존하는 사회는 대기·수질·토양을 오염시키고 자연환경을 훼손하거나 파괴한다. 물론 자연은 자체정화능력을 가지고 있어 수용 가능한 범위 내에서 오염을 정화할 수 있다. 하지만 지난 30년 남짓한 기간 국내에서 이루어진 자동차의 증가로 인한 에너지 사용은 자정능력의 한계를 벗어나고 있다. 또 자동차 수용에 따른 도로건설은 막대한 환경비용을 수반하고 있어 지속가능한 발전에 제동을 걸고 있다. 이 부분이 현세대의 몫으로서 후대의 안녕을 위해 책임져야하는 부분이다.

# 12장 투자효과의 문제

철도보다 도로가 더 효율성이 높다고 믿는 사람들은 철도의 경영적자를 그 근거로 제시하기도 한다. 하지만, 이는 경제적 효율성과 재무적인 채산성을 혼동한 것이다. 도로부문을 논의할 때 재무적인 채산성을 따지는 경우는 매우 드물다. 다만 경제성 분석 결과 도로의 투자 효과가 철도보다 더 좋으니 도로에 투자하여야 한다고 주장한다. 과연 그러한지 심사숙고해 볼 일이다. 도로를 건설하면 수요가 증가한다는 주장은 정부의 보조로 인한 왜곡현상의 결과로 앞서 이미 설명하였다. 때문에 도로와 철도에 대한 투자효과를 설명할 때 몇 가지 간과하기 쉬운 사항에 대해서 살펴본다.

교통수요는 하루 중 균일하게 발생하는 것이 아니고 소위 말하는 출퇴근 시간 등 첨두시간에 집중되고 그 이외의 시간에는 상대적으로 작게 발생한다. 또한 연중을 보더라도 사계절에 걸쳐 수요발생비율이 상이하다. 이러한 현상은 지역에 따라 다르고 또한 교통시설의 성격에 따라 다르다. 따라서 어느 시점의 수요를 처리하도록 시설계획을 하느냐가 경제적 효율성에 크게 영향을 미친다. 매우 높은 시간대의 수요를 기준으로 하면, 나머지 시간에 대해서는 너무 많은 여유가 생길 것이고, 반면에 낮은 시간대의 수요를 기준으로 하면 많은 시간대에 걸쳐 혼잡이 발생할 것이다.

도로의 경우, 원칙은 연간 8,760시간 중 30번째의 높은 시간당 교통량이 설계기준교통량이 된다. 통상 20~30년 뒤의 시설을 계획하는 목표년도에 확보하고자 하는 서비스 수준에 맞추어 이러한 개념을 사용하여 설계수준을 정한다. 철도의 경우는 아직까지 불행하게도 이러한 개념 정립을 하지 못하고 있다. 철도의 경우, 하루 전체의 열차운행 가능 횟수와 필요한 횟수를 비교하여 투자 판단의 근거로 삼고 있다. 쉽게 짐작할 수 있는 것처럼 철도에서도 도로와 같이 수요가 특정시간, 특정요일 및 계절에 집중을 하는데, 철도의 절차는 그런 것은 다 무시하고 하루 전체의 운행가능횟수만 따지고 있는 것이다. '아니, 수요 없을 때 열차운행이 가능하면 뭐 해?' 하는 이야기가 당장에 나올 수 있는 상황이다.

도로상의 차량운행비도 문제가 있는 항목 중의 하나이다. 도로를 사용하는 것이 비용이 적게 든다고 주장하는 것은 사용자가 직접 부담하는 차량운행비만 고려하기 때문이다. 그렇지만, 현재 사용하고 있는 우리나라의 차량운행비가 실제적인 비용과 얼마나 가까운가는 아무도 모른다. 차량이 1km를 주행했을 경우 발생하는 비용을 속도별로 집계한 것이 차량운행비표인데, 이 표는 우리나라의 경우 1980년대 초에 미국자료를 근거로 해서 개발되었다. 사용된 미국자료는 1969년에 나온 책으로 당시의 기술을 근거로 차량운행에 필요한 각 요소들의 비용을 합산하여 차량운행비를 구하도록 하고 있다.

우리나라에서는 이러한 각 요소들의 구성이 체계적으로 연구된 사례가 없다. 한국교통연구원과 국토연구원에서 1990년 초반에 유류소모량에 대해서만 승용차에 대해서 분석해본 경험이 있을 뿐이다. 처음에 작성된 차량운행비표는 그 후 후속연구에서도 운행비용의 각 구성요소의 가격만 소비자 물가지수를 이용하여 보완하는 방법으로 오늘에 이르고 있다. 차량의 종류도 그때와는 매우 달라졌고 운행환경도 매우 상이하다고 해야 할 것이다. 따라서 그러한 비용이 현실적인지는 아무도 모른다. 현재 배럴당 130불이 넘는 원유가격이 제대로 반영되어 있다고도 보기가 매우 어렵다. 매우 구체적인 숫자로 제시되는 차량운행비나 차량운행비의 절감액도 사실은 이러한 가변적인 요소를 가지고 있는 것이다.

반면에 철도의 비용은 어떠한가? 철도의 경우, 봉급쟁이들의 월급이 세무당국에 노출이 되듯이, 1원 한 푼 계상이 되지 않는 것이 없다. 일마다, 월마다, 해마다 발생하는 비용이 유리알처럼 가장 현실적이고 정확한 값을 알 수 있도록 되어 있다. 이렇게 정확한 비용에 따르면 현재 고속철도(KTX) 1대가 800~900명을 태우고 서울에서 부산까지 가는데 110만원, 1인당 약 1,300원의 전기를 소비하기 때문에 고속철도(KTX)의 인/km당 전기료는 약3원에 불과하다. 한편 승용차의 유류비가 서울에서 부산까지 4~5만원이 필요하므로 인/km당 약120원에 달한다. 경제적 측면에서 본다면 고속철도(KTX)의 승용차 대비 효율성은 최소 30에서 50배에 달한다는 것을 보여주는 사례이다. 이러한 고속철도의 경제성은 수요가 증가하면 더욱 커질 것이다.

에너지 효율성을 좀 더 구체적으로 살펴보자. 자동차는 에너지를 원천적으로 많이 소비하게 되어 있다.

- **타이어** : 고무타이어는 에너지를 많이 소모하고 노면과의 마찰로 열을 발생시킨다. 레일보다 원천적으로 에너지 소모가 많을 수밖에 없다.
- **공기저항** : 개별차량은 열차로 조성된 차량보다 공기저항이 크다. 전후·좌우에서 조성된 공기저항은 에너지를 더 소모하게 하는 것이다.
- **중량** : 가속을 위한 에너지는 차량의 중량과 함께 증가한다. 승객당 중량을 보면 도시내 개인승용차는 한 대당 평균 1.5명이 승차한다고 가정하더라도 1,000kg 수준에 해당된다. 200명을 태운 지하철은 중량이 35톤 수준으로 승객당 170kg에 불과하다.
- **연료탱크** : 자동차는 연료를 싣고 다녀야 한다. 이는 차량중량을 증가시켜 연료 소모를 증가 시킨다.

좁은 국토공간에 도로만 건설하고 말 것인가? 도시의 혼잡을 없애기 위해서 도로를 건설하다보면, 경제활동에 필요한 용지를 모두 점유하게 되어, 결국은 경제활동을 할 수 있는 용지가 없어지게 되고, 당초에 도로를 건설하겠다고 하던 목적마저 없어진다는 논리이다.

몇 가지 사항에 대해서만 교통수단의 투자효과를 살펴보았지만, 금과옥조처럼 믿는 도로의 효율성도 원천적으로 철도와 비교해서 항상 비교우위에 있는 것이 아니라, 우리가 사용하는 잘못된 평가체계의 산물이라는 것을 인지할 필요가 있다. 교통수요의 특성과 지역적 특성에 따라 교통수단의 상대적인 효율성은 변하게 된다. 용도에 맞추어 알맞은 교통수단을 선택하여 활용하는 지혜가 필요하다.

# 13장 도로/자동차 분야에서의 미봉적인 대처

최근 원유의 배럴당 가격이 130~140불을 넘나들고 있다. 문제는 이러한 기름 값의 상승이 일시적인 현상이 아니라는 것이다. 최근 중국과 인도의 산업발전으로 인해, 이들 국가의 에너지 소비가 급증하면서 에너지 가격의 상승은 불가피하다고 보는 전문가들이 많다. 원유 값이 올라가면 휘발유소비자 가격도 올라갈 것이라는 것을 누구나 쉽게 알 수 있다.

몇 년 내에 원유 값이 배럴당 200불 수준으로 올리가지 않는다고 누가 장담할 수 있을까? 원유 생산량이 수요를 따라 갈 수 있을까? 그럴 경우에도 여전히 우리는 자동차에 전적으로 의존하면서, 경제활동을 영위해 낼 수가 있을까? 현재 휘발유에 포함되어 있는 세금을 낮추어 어느 정도 가격상승분을 흡수를 한다고 하지만, 얼마나 오래갈 수 있을까?

환경적인 문제는 심각성에도 불구하고 경제적인 문제에 비해서는 2차적이라고 할 수도 있다. 비용이 일반인이 감당할 수 없도록 높아지면, 당장 자동차 운행이 대폭 제한될 수밖에 없을 것이다. 원유가격의 상승으로 인해 자동차 왕국이라고 불리는 미국에서 조차 최근 지하철 등 대중교통 수요가 증가하는 것을 보면 그러한 경향을 확실히 알 수 있다.

문제는 그러한 철도 및 대중교통에 대한 수요가 있다고 하더라도, 바로 그러한 서비스를 제공할 수 없다는 데 있다. 시설의 건설과 서비스의 계획에는 시간이 필요하기 때문이다. 따라서 지금부터라도 균형 잡힌 교통시설을 준비하지 않으면 장래에 큰 낭패를 볼 가능성이 매우 크다는 것이다. 이러한 논지가 결국 자동차만으로 교통수요를 감당할 수도 없을뿐더러 그렇게 자동차만으로 수요를 감당하게 하는 것이 매우 위험한 발상이라는 것을 웅변해 주는 것이다.

이럼에도 불구하고, 주변에는 여전히 승용차에 대한 애착을 버리지 못하고 승용차만으로 교통수요를 충족시키겠다는 사람이나 집단이 있다. 이러한 입장을 견지하는 사람들은 최근 자동차사용을 효율적으로 하는 각종 조치들을 거론하고 그러한 조치들이 수반하는 모든 문제를 해결할 수 있을 것이라 기대하고 있다. 그러한 조치들로는 에탄올, 메탄올, 전기, 수소연료들을 포함한 대체연료와 지능형교통체계(ITS) 등의 기술들을 들고 있다. 그러나 이러한 조치들은 승용차 사용으로 인한 문제를 원천적으로 해결하기보다는 일부의 문제를 개선하는데 그칠 것이다. 우선 그러한 조치들의 사회적인 경제성에 대한 입증은 말할 것도 없고, 앞으로 우리가 겪어야 할 환경변화에 대한 근본적인 대처가 되지 못하여 미봉책에 불과하다는데 문제가 있다. 근본적인 대처는 도로와 철도 및 대중교통을 균형 있게 육성하여 국가 전체적인 효율성을 높이고 체질을 강화하는 방법밖에 없다고 하겠다.

제시된 각종 자동차관련 대처방안들이 왜 근본적인 해결책이 되지 못하고 미봉책에 불과한지에 대한 분석을 해 보는 것도 매우 의미 있는 일이라 생각한다.

## 대체에너지

대기오염의 문제로 인해 미국 등 여러 나라에서 전기자동차나 휘발유와 전기를 함께 이용하는 하이브리드카에 대한 연구와 활용이 증가하고 있다. 우리나라에서도 버스 등에 천연가스(CNG)를 사용하는 차량들이 도입되고 있는 형편이다. 또한 장기적인 측면에서 수소연료에 대한 연구가 세계적으로 많이 시행되고 있는 상황이다.

하지만, 여전히 이들 대체연료들은 높은 가격으로 인해, 일반적인 사용에 이르고 있지 못한 상황이다. 예를 들어 수소연료의 경우, 수소의 생산뿐만 아니라 소비자까지 배급하는 비용이 만만하지 않아, 모든 기술적인 문제가 해결이 된다고 하더라도 가까운 장래에 대규모의 보급에는 회의적인 시각을 가지게 하고 있다.

현재는 휘발유나 경유가격이 이들 대체에너지 보다 저렴하고 효율성도 높기 때문에 이들의 가격이 높아져서 대체연료들이 상대적인 경제성을 확보하는 단계까지 대규모적인 대체연료의 활용은 어려울 것으로 보인다.

최근의 자료를 보면, 혼다 시빅(Civic) 차로 뉴욕에서 캘리포니아까지 움직이는데 필요한 휘발유를 생산하기 위해서는 794리터(5배럴)의 원유가 소모되고 휘발유는 367리터(97갤런)가 필요하다. 현재가격으로 약 212불이 소모되는 반면에, 에탄올 85%, 휘발유 15%를 사용하는 E85는 425불, 메단올 85% 휘발유 15%를 사용하는 M85는 617불, 식물성기름을 사용하는 B100은 231불, 천연가스(CNG)는 110불, 전기자동차는 60불, 수소연료는 804불이 소요되는 것으로 나타났다(Popular Mechanics, May 2006). 일부 비용이 낮은 대체연료는 보급망의 구축과 충분한 양을 확보해야 하는 숙제를 해결하여야 한다. 이러한 자료는 앞서의 논리를 재확인해 주고 있다.

### 메탄올

메탄올은 알코올로서 내연기관에 사용하면 배기가스가 적게 배출된다. 하지만 물에 잘 녹기 때문에 수질오염의 문제를 일으킬 수 있다. 저장창고가 새게 되면 독성으로 인해서 지하수의 오염을 심각하게 일으킬 수 있다. 메탄올은 휘발유보다 3분의 1정도의 에너지를 가지고 있다. 또한 메탄올은 금속을 부식시키기 때문에 메탄올이 접촉하는 부분은 스테인리스를 사용하는 등의 특수처리가 필요하다.

메탄올은 다양한 방법으로 만들어질 수 있지만, 천연가스의 메탄을 사용하여 합성하는 방법이 가장 많이 사용된다. 메탄올을 사용하게 되면 천연가스의 수급에 영향을 미칠 수 있다. 가격 또한 앞에서 보는 바와 같이 상당히 높다. 또한 휘발유보다 메탄올을 사용하면 휘발유를 사용하는 것보다 이산화탄소가 많이 발생한다.

## 에탄올

에탄올은 메탄올과 달리 독성은 없지만 물에는 잘 녹는다. 브라질에서는 사탕수수로부터 에탄올을 생산하고 있는데 상업적으로 활용이 되고 있다. 이를 분배하기 위한 특수 시설들이 필요하다. 에너지 함유율은 휘발유보다 낮다. 브라질이 경우 수입된 휘발유보다는 가격이 싸기는 하지만, 사탕수수를 재배하기 위해서 산림을 없애거나 다른 작물들을 경작하지 못하는 사회적인 문제도 발생시키고 있다.

## 수소연료

수소연료는 이론적으로 미래 에너지로 각광을 받고 있다. 물을 전기분해하면 수소와 산소가 발생된다는 것은 중학교 실험시간에서 배운 바가 있는데, 수소와 공기 중의 산소를 결합시켜 전기와 물을 생산하는 것이 수소연료의 기본적인 이론이다. 부산물이라고는 물 밖에 나오지 않으니 환경적으로는 매우 바람직한 연료라고 하겠다. 그러나 현재 수소를 생산하기 위해서 필요한 에너지의 양이 만만하지 않고 비용적인 측면에서 아직은 경제성을 확보하고 있지 못하다. 수소를 생산하기 위해서 필요한 에너지의 양이 수소의 소비로부터 얻을 수 있는 에너지양보다 많다는 것이 현재의 단점이다.

수소연료가 얼마나 효과가 있을 것인가 하는 것은 수소를 어떻게 만들고 분배하는가가 좌우하게 될 것으로 보인다. 만약 원유나 석탄에서 수소를 추출하게 된다면, 결국 자동차에서 매연이 발생하는 것이 아니라 수소를 만드는 공장에서 매연이 발생하게 될 것이다. 자동차를 개조하여야 하고, 저장 및 생산시설에 대한 비용도 만만치 않아서 아직은 경제성을 확보하지 못하고 있는 실정이다. 또한 수소는 위험하기 때문에 보관에도 특별한 신경을 써야 한다.

## 전기 자동차

배터리로 움직이는 전기자동차는 휘발유를 사용하지 않고 대기오염물을 배출하지도 않는다. 통상 전기는 기름, 석탄, 수력 및 원자력을 이용하여 중앙집중식으로 생산된다. 하리브리드 자동차도 원천적으로 전기자동차의 일종으로 볼 수 있다.

하지만 전기를 생산하면서 대기 오염물질이 배출될 수 있다. 일반적인 휘발유차량의 엔진과 관련된 각종 장치들은 전기자동차에서는 필요 없게 된다. 하지만 전기를 차량 내에 저장하는 기술, 즉 배터리 기술의 한계를 넘지 못하고 있는 형편이다. 기존의 배터리는 무겁고 필요한 에너지를 제공하기 위해서는 배터리의 중량이 커져야 한다. 커진 배터리는 다시 더 많은 에너지를 필요하게 되고, 이는 다시 더 큰 배터리를 요구하게 될 것이다. 이러한 상황에서는 어느 선을 넘게 되면, 자동차의 성능이 개신되시 않게 된다. 이는 배터리 기술이 획기적으로 발전하여야만 해결이 될 문제인 것이다. 또한 배터리의 수명이 기껏해야 2-3년이라는 것도 염두에 두어야 한다.

전기자동차도 효율성 측면에서 전철보다 나을 수는 없다. 먼저 무거운 배터리라는 추가적인 중량을 가지고 다니지 않아도 되기 때문이다. 다 사용한 배터리를 처리하는 것도 심각한 환경문제가 되므로, 재생처리를 잘 하여야만 경제적으로 득을 볼 수가 있을 것이다. 물론 일부의 문제를 완화할 수는 있을 것이나, 휘발유차량을 전기 자동차가 대체한다고 해서, 제기된 자동차 사용의 문제가 해결되는 것은 아니다.

### 다인승차량전용차로

아직 우리나라에서는 다인승차량전용차로가 활용되고 있지는 않다. 물론 버스전용차로는 시행이 되고 있다. 다인승차량전용차로는 혼잡과 대기오염을 줄일 수 있는 대안으로 받아들여지고 있기는 하지만, 실제적으로 그러한 효과를 달성할 수 있을지는 의문이다.

# 14장 무엇을 해야 하나…

많은 교통정책들이 사회적인 효율성을 위하여 개인의 선택에 제약을 가하는 상태로 이루어진다. 개인이 하고 싶은 대로 두면 가장 좋은 국가교통체계를 기대하기 어렵다. 왜냐하면 개인교통수단은 많은 사회적 비용을 발생시키기 때문이다. 자동차의 사용이 좋은 예이다. 우리 모두는 자동차 타기를 즐긴다.

국가에서는 도로를 건설할 뿐만 아니라 유지보수나 가로 등의 전기, 행정서비스, 경찰, 소방 등의 기초적인 서비스를 제공하면서도 고속도로 외에는 도로사용료를 받지 않고 있다. 자동차를 사용하는 사람이 부담하는 개인의 비용은 이러한 사회적으로 지출되는 비용을 고려하면 실제 비용보다 매우 낮다. 거기에다 교통사고나 환경오염 등에 따른 사회적 비용을 추가하면 더욱 더 그러하다.

반면에 자동차 구매비용, 보험료나 각종 세금 등은 사용량과 별 관계없이 일정하여 자동차를 많이 사용하면 할수록 개인에게는 비용이 낮아지게 하는 제도를 가지고 있다. 이와 같은 정부의 지원, 즉 사회적 비용과 개인적 비용의 차이가 큰 상태에서는 자동차 이용을 마다할 사람이 없다. 개인의 입장에서 보면 자동차를 사용하는 것이 가장 좋으나, 사회적인 비용의 측면에서는 다른 이야기다. 도로에 대한 수요가 폭발적으로 증가하는 것은 이러한 상황에서 당연하다.

문제는 이러한 도로에 대한 정부지원은 자동차를 사용하지 않는 사람들에게 매우 불공평하다는 것이다. 또한 도로에 대한 정부지원이 철도수요를 감소시키고 이에 따라 발생되는 철도운영적자를 다시 정부가 지원해야 하는 악순환의 원인이 된다. 국민들은 실제로는 도로에 대한 정부지원뿐만 아니라 철도에 대한 지원까지 2중고에 시달리게 되는 것이다.

이러한 정부지원 하에서 도로는 증가하지만 폭발적으로

사용이 증가되는 자동차로 인해 교통 혼잡은 줄지 않고 있다. 우리나라 경쟁력의 원동력이 되어야 할 수출입물동량의 물류비용 증가는 말할 것도 없고, 대기오염이나 교통사고 등으로 인해 우리나라의 경쟁력이 약화되고 있다. 이러한 상황에서 도로에 대한 추가적인 투자는 더 많은 도로이용 수요를 유발하는 결과를 초래할 뿐이며, 교통수단선택에서의 시장왜곡 현상이 심화되어, 효율적인 경제활동기반을 구축하는데 저해요소로 작용하게 된다.

그러면 대안이 있느냐는 것인데, 혹자는 현재까지 국민들이 철도를 외면해온 상태를 보고 실제적인 대안이 될 수 없다고 주장하기도 한다. 하지만 이것이야 말로 원인과 결과를 혼동한 결과라 하겠다. 실제적인 사회비용이 어느 정도 반영된 상태라면 도로도 철도와 비교해서 사용자의 절대적인 선호를 받기가 어려울 것이다. 도로에 지원을 해놓고 수요가 몰리니 더욱 도로에 투자해야 한다는 순환논리를 현재까지 보아왔다.

그동안 철도에 대해서는 제대로 투자와 육성을 하지 않았기 때문에 현재와 같이 상대적으로 서비스 수준이 낮은, 많은 국민들이 외면하는 철도를 만들고 만 것이다. 비록 우리가 깨닫지 못하고 있지만 이러한 상태가 지속된다면 우리는 글로벌 무한경쟁시대를 살아가기가 어렵다는 사실이다. 또한 제한된 국토 공간, 환경문제와 고령화 등 사회적 구조변화를 고려할 때 현재와 같은 도로 위주의 교통체계는 지속가능하지 않다.

철도는 고속철도에서 보는 바와 같이 안전하면서도 고속의 실현이 가능한 수단이다. 안락하고, 환경친화적일뿐만 아니라 고령화 사회에 꼭 맞는 교통수단이다. 또한 에너지 소모 면에서 타 교통수단 보다 매우 효율적이기 때문에 기름 한 방울 나지 않는 우리나라에서는 무엇보다도 중용하여야 할 교통수단이다.

현재 배럴당 130~140불에 달하는 원유가격이 장기적으로 더욱 낮아질 수 있다고 기대하기는 어려울 것이다. 특히 2005년 2월에 발효된 교토의정서에 의해서 우리나라가 2013년부터 2차 의무감축대상국에 포함된다면 환경친화성과 에너지 효율성이 큰 철도의 장점이 크게 부각될 수 있다. 교통정책의 변화는 기후변화 협약에 의해 온실가스 1차 의무감축국인 유럽에서 90년대 말부터 이미 시작되었다. 유럽 각국은 도로 투자액의 2배 이상을 철도에 투자하면서 범유럽철도망을 구축하고 있다.

우리나라가 철도에 대해 투자와 육성을 해야 할 이유는 더 있다. 교통수단선택의 과정에서 수요자가 실제비용에 근거하여 판단을 할 수 있도록 해주면, 우선 지금보다 철도에 훨씬 더 많은 수요가 몰릴 것이다. 이는 재정적자 등 많은 문제를 해결해 줄 수 있기 때문에 도로에 대한 정부 지원의 결과로 나타난 철도수요 감소가 철도투자에 소극적이어야 할 이유가 되지 못한다. 따라서 현재 서울에서 대구까지만 건설되어 반쪽의 고속철도인 경부고속철도의 나머지 구간인 대구~부산 공사를 조속히 완료해야 한다. 또한 동서고속철도나 호남고속철도를 추가로 건설하고, 기존 선도 시속 180km 이상 달릴 수 있도록 고속화하여 많은 국민이 고속철도를 이용할 수 있도록 하여야 할 것이다.

현재의 고속철도노선에 역만 많이 추가하는 방법으로는 고속철도의 효과를 기대하기 어렵다. 현재 많은 지역에서 철도에 대한 접근이 곤란하다. 이러한 지역에서도 철도에 대한 접근이 가능하도록 전국철도망을 확충하고, 부족한 연계교통체계도 완비하여야 한다. 컨테이너나 대량 화물들을 철도가 상당부분 처리를 해 주어야만 도로에서의 수송

효율성이 보장될 수 있으며, 도로와 철도를 잘 활용하는 균형 잡힌 교통·물류체계 구축이 가능하게 될 것이다. 대도시권의 통행은 첨두집중비율이 크기 때문에 철도와 같은 대 용량의 교통수단이 무엇보다도 필요하다.

남북간을 연결하는 철도의 운행을 위해서는 단절된 교통망의 연결뿐만 아니라 수도권 통과노선과 같은 배후철도망의 확충이 있어야 한다. 국제철도의 연결을 위해서도 국내 철도망의 정비가 필수적일 것은 말할 나위가 없다. 정보기술의 발전이나 철도기술의 발전으로 철도의 건설, 운영 및 관리에서 과거보다 훨씬 더 높은 효율성의 확보가 가능하게 되었다. 철도의 효율성은 시대적으로 요구되는 국가적 교통서비스의 요구사항을 효과적으로 대처할 수 있다는 것이다.

현재상태가 지속되기를 아무리 강력하게 원하더라도 제반 여건의 변화는 현 상태를 지속할 수 있도록 내버려 두지는 않을 것이다. 또한 후세를 위해서도 현재의 상태를 계속하면 안 된다. 도로에 대한 정부지원을 줄이거나, 철도에 대해 도로와 동등하게 지원하여 철도의 고속화, 현대화가 가능할 수 있도록 해야 한다. 그래야만 국민이 교통수단을 선택할 때 도로의 대안으로 철도를 실질적으로 고려할 수 있게 되고 국가 전체적으로도 효율적인 교통체계를 갖추게 된다.

앞으로 우리 후세들이 살아야 할 글로벌 경쟁시대를 효과적으로 준비시키기 위해서는 철도가 가지고 있는 효율성을 충분히 활용하는 효율적인 교통체계의 구축이 필요하며, 이를 위해서는 각 교통수단의 장점을 최대한으로 활용하는 종합적 접근이 필요하다. 철도에 투자하고 철도를 육성하는 것은 해도 되고 안 해도 되는 선택의 문제가 아니라 우리와 우리 후세를 위하여, 온 국민이 지혜를 모아 조속히 결론을 맺어야 하는 필수 정책인 것이다.

# 15장 결론

도로를 이용하는 승용차는 실제 발생되는 비용보다는 훨씬 적은 비용만을 지불하고 있다. 그러므로 실제비용과 지불비용의 차액만큼은 사회나 국가가 지원하는 보조금이다. 우리나라의 자동차 1대당 도로건설에 지원된 액수는 1억 원이 넘으며, 주차장의 건설, 유지보수, 행정, 교통공학적 보조, 경찰, 소방, 안전 등과 관련된 비용도 승용차 사용자가 직접 지불하지 않고 사회가 대신 지불하고 있다.

이러한 보조는 결국 사람들에게 승용차를 더 많이 사용하라는 신호로 인식되어, 결과적으로 한정된 도로를 과도하게 사용하여 혼잡, 사고, 환경오염 등을 야기하고 있다. 이는 정부보조가 사람들을 사회적 합리성에 기초한 판단을 내리지 못하도록 방해하고 있는 셈이다. 다시 말해 과소비와 비효율성이 발생하고 있다. 도로는 과도하게 사용되면서 사회적으로 저렴한 철도의 이용이 감소하는 등 사회 전체적 효율성이 크게 낮아진다. 또한 현재의 보험, 자동차세 등의 제도를 보더라도 사람들이 승용차를 많이 사용하는 것이 통행의 평균비용을 낮추는 효과를 가지기 때문에 일단 승용차를 구매한 사람이 더욱 더 많이 자동차를 사용하게 하는 이유가 된다.

승용차를 많이 사용하는 것은 대중교통 더 나아가서는 철도를 이용할 사람들이 승용차를 사용한다는 것을 의미한다. 사람들은 대중교통이나 철도를 이용하는 것 보다 승용차를 사용하는 것이 정부의 보조까지 고려하면 훨씬 더 유리하기 때문이다. 이러한 선택은 결국 철도에서의 수요 감소를 가져오게 되고, 철도 운영자의 경영 상태를 악화시키게 된다. 우리나라 철도의 경영적자가 70년대부터 시작된 것을 보더라도 알 수 있다. 만약 철도가 없어도 문제가 없다면, 철도를 이용하지 않을 수도 있지만, 도로만으로 앞으로의 수요를 만족시킬 수가 없다.

사회적이나 세계적인 환경변화를 보면 오히려 철도의 이

용을 촉진시켜야 할 필요가 있다. 이는 외국, 특히 유럽에서의 정책 변화들을 보면 잘 알 수 있다. 철도를 없앨 수도 없는 상황에서 줄어드는 수요와 늘어나는 적자를 감당하기 위해서 정부에서는 철도에 대해서도 재정보조를 하는 상황에 이르렀다. 결국 국민들은 잘못된 교통정책으로 도로와 철도에 대해 모두 보조를 하는 이중고(二重苦)를 지게 된다. 물론 도로에 지원하는 보조는 많은 국민들이 잘 모르고 있다.

도로에서의 교통 혼잡을 줄이고 철도의 재정지원을 줄일 수 있는 묘안이 바로 철도의 수요가 증가할 수 있도록 승용차 사용자가 실제적인 비용을 지불하게 하는 것이다. 물론 승용차 사용자가 실제비용 모두를 지불할 것인지 일부분만을 지불할 것인지는 사회적인 논의에 따라야 하겠지만, 어떠한 경우든 그러한 실제비용을 명확히 하고 지불하는 비용과 차이인 보조금의 규모를 명시적으로 확인하여야 할 것이다.

도로와 철도의 이용과 관련된 실제비용에 근거하여 국민들이 교통수단선택을 할 수 있다면, 교통부문의 재원 사용의 효율성은 가장 높게 평가될 수 있다. 하지만 도로에 대한 보조를 없앨 수 없는 경우, 철도에 대해서도 동등한 보조를 통해 교통수요가 효율적으로 배분되도록 해야 한다. 이것이 승용차 사용을 권장하였기 때문에 더욱 많이 발생하고 있는 도로에서의 혼잡을 완화시킬 수 있는 유일한 방안이다.

현재 모든 운전자가 누리고 있는 승용차 사용에 대한 정부 보조를 한꺼번에 없애는 것이 쉽지 않다는 것에는 동의할 수 있다. 그러나 그렇다고 이렇게 마냥 이 상태를 지속되도록 내버려 둘 수는 없다. 마지막 남은 나무마저 베어버리고, 사회의 생존기반이 무너져 내리는 것을 바라만 본 이스터섬의 주민들과 같은 심정을 우리는 반복해서는 안된다. 우리가 변하면 상황을 변하게 할 수 있다. 어린아이의 충치를 우려하여 사탕을 뺏는 심정으로 승용차 사용에 대한 정부보조를 줄이거나 철도와의 균형을 맞추어 주지 않으면, 결국 우리도 제한된 자원을 빠른 시간 내에 고갈시키는 돌이킬 수 없는 우를 범하게 될 것이기 때문이다.

우리가 사회적으로 가용한 재원을 효율적으로 활용하여 건강한 사회를 만들고 그러한 건전한 사회를 우리 후세에 물려주어야 할 책임이 있다. 현재의 도로에 대한 상대적으로 과다한 보조와 그로 인한 자동차의 과다한 사용과 이로 인한 혼잡은 경제적·사회적·환경적 측면에서 더 이상 방관할 수 없는 우리사회의 사활이 걸린 문제이다. 우리의 후세를 위해서도 이러한 문제를 하루 빨리 해결하여야 한다.

# 자동차 권하는 사회

2007년 7월  5일  1판 1쇄 발행
2008년 7월 25일  1판 2쇄 발행

저 자 / 한국철도연구회
발행자 / 신 소 연
발행처 / 良 書 閣

인지

주 소 / 서울특별시 도봉구 쌍문2동 716-27
등 록 / 제3-412호
전 화 / 02-991-6234~5
F A X / 02-994-4360
E-mail / ysgbook@nenmaill.net
www / ysgbook.com

ISBN 978-89-5568-276-2 93300

**정가 9,200 원**